学校の日常・危機・緊急時に求められる

学校の説明・メッセージ

74実例

教育開発研究所 編

JN065480

教育開発研究所

まえがき

　本書は，『学校の日常・危機・緊急時に求められる　学校の説明・メッセージ 74 実例』と題して，学校の日常において，児童・生徒，保護者の理解を得てから教育活動を進める必要がある場合，学校の教育活動中のアクシデントについて保護者から説明を求められる場合，自然災害や感染症の発生，不審者侵入，教職員の不祥事など，学校が危機に臨んで，保護者から説明を求められる場合，学校事故，いじめなどの緊急時に保護者に事の詳細を説明し理解を得る必要がある場合など，さまざまな場面を想定して，校長として，副校長として，教頭として，教職員として，どのように説明を行い，学校の説明責任を果たしていくかについて，具体的な設問ごとに，説明・メッセージ実例を示し，説明の仕方のコツ，注意すべき点などについて，わかりやすく解説しています。

　昨年来，台風による大雨，新型コロナウイルス感染症といった，日本中を緊急事態に巻き込む危機に遭遇し，学校においても，さまざまな問題が連鎖的に生じてきていますが，こうした危機・緊急時には，学校が児童・生徒，保護者に，これからの方針を詳細に説明し，家庭・地域の協力を得ていくことが必要になってきます。そのようなとき，初めての事態に直面して，校長として，副校長として，教頭として，教職員として，どのように家庭・地域に説明して，学校の説明責任を果たしていくかが，喫緊の課題となっています。

　また，本年度は，小学校学習指導要領の本格実施の年にあたり，新しく始まる教科・教育活動について，児童・生徒，保護者にわかりやすく説明し，理解を得，協力を得ていくことが，重要課題となっています。

　さらに，新型コロナウイルスに対する緊急事態宣言が発せられ，学校も，3ヵ月以上に及んで臨時休業を余儀なくされたことにより，カリキュラムの遅れをいかに取り戻していくかも大きな課題となっており，学習指導要領に基づいて教育活動を正常化し，公教育としての教育責任を果たしていくこと

が緊急課題となっています。

　これらの課題について，学校から家庭・地域に対し的確でわかりやすい説明・メッセージを発していくことが求められています。

　今日のような事態の中で，学校の説明・メッセージは，「社会に開かれた教育課程」を推進するためにも，ますます要領を得たわかりやすいものが要請されてきているということができると思います。

　本書は，全体が「第1編　学校の危機・緊急時に求められる説明・メッセージ」「第2編　学校の日常，突然の出来事の際の説明・メッセージ」「第3編　さまざまな機会における説明・メッセージ」の3編により構成されており，第1編においては，学校の危機・緊急時の説明・メッセージを，第2編においては，学校の日常に求められる説明・メッセージを，第3編においては，学校のさまざま機会・場面ごとの説明・メッセージを特集しております。3編を通して，具体的な設問が掲げられており，学校が直面することが多いと思われる重要な局面が網羅されていると言うことができると思います。また，新しい局面への対応も，最初に掲げられており，学校が求められる説明・メッセージが優先順位順に掲げられていると言うこともできると思います。

　読者の皆様におかれましては，各学校で必要性の高い項目から順にお読みいただき，それぞれの説明・メッセージを場面ごとにお役立ていただければと思います。

　本書が，学校の危機・緊急時の説明・メッセージの台本として機能し，学校の日常の教育活動のスムースな運営に寄与することができればと願っております。

　2020 年 7 月

　　　　　　　　　　　　　　　教育開発研究所　　五十貝　博之

凡　例

■『学校の日常・危機・緊急時に求められる　学校の説明・メッセージ74
実例　―こんなとき，学校の説明責任をどのように果たすか』の構成と特色
　本書は，「序論　学校の説明・メッセージと学校の説明責任」と「第1編
学校の危機・緊急時に求められる説明・メッセージ」「第2編　学校の日常，
突然の出来事の際の説明・メッセージ」「第3編　さまざまな機会における
説明・メッセージ」の3編から成っています。
　「第1編　学校の危機・緊急時に求められる説明・メッセージ」は，35の
具体的事例に則した説明・メッセージから成っており，「第2編　学校の日
常，突然の出来事の際の説明・メッセージ」は，20の具体的事例に則した
説明・メッセージから成っており，「第3編　さまざまな機会における説
明・メッセージ」は，19の具体的事例に則した説明・メッセージから成っ
ています。
　全体で，学校の日常・危機・緊急時に求められる説明・メッセージを74
事例，74の設問に答える形で，学校の日常・危機・緊急事態において発せ
られるべき代表的な説明・メッセージを，「説明・メッセージ実例」として具
体的に示し，学校の説明責任をいかに果たすかを，それぞれの場合に則して
示しています。

■各項目の構成と特色
　各項目とも，「Q」「説明・メッセージ実例」「説明・メッセージのポイン
ト・留意点」からなっており，「Q」は，学校の日常・危機・緊急時の具体
的事例に関する設問を掲げており，「説明・メッセージ実例」は，具体的事
例に則して発せられるべき説明メッセージの実例を，1000字程度で示して
おり，「説明・メッセージのポイント・留意点」は，説明・メッセージを述
べるうえでポイントとなる点，説明・メッセージを発するうえでの留意点を，
600字程度で示しています。

目　　次

執筆者一覧

[**執筆者**]（執筆順）

榎本　智司	国立音楽大学教授，元全日本中学校長会会長
渡邉　正樹	東京学芸大学教職大学院教授
佐藤　正吉	元暁星学園小学校長，元東京都教育庁主任管理主事
伊藤　俊典	元全日本中学校長会会長
阪根　健二	鳴門教育大学大学院特命教授
常盤　　隆	公益社団法人日本教育会専務理事，元東京都中学校長会会長
堀井　啓幸	常葉大学教授，前山梨県立大学教授
八尾坂　修	開智国際大学教授，九州大学名誉教授
浅野　素雄	元大阪府教育長
野原　　明	文化学園大学名誉教授，元ＮＨＫ解説委員
福田　晴一	元東京都杉並区立天沼小学校長
鈴木　明雄	麗澤大学大学院准教授，元東京都北区立王子中学校長
寺崎　千秋	元全国連合小学校長会会長
井上　正英	愛知県豊川市立三蔵子小学校長，前愛知県小中学校長会副会長
淺川　　宏	元東京都千代田区立お茶の水小学校長
鈴村　邦夫	東京福祉大学教授，前東京都千代田区立番町小学校長
吉藤　玲子	東京都台東区立忍岡小学校長

序論
学校の説明・メッセージと
学校の説明責任

学校の説明・メッセージと学校の説明責任

国立音楽大学教授
元全日本中学校長会会長　**榎本　智司**

　子どもたちの健やかな成長，教育環境の整備・充実などのためには，家庭や地域との連携や信頼関係が不可欠であり，そのためには，学校からの十分な説明責任が求められる。また，学校が組織として機能し，校長を中心として一体となって学校教育を行うためには，管理職から教職員への説明責任，教職員間の情報共有，協働も大切である。

　情報を求めている者に，正しい情報が伝わらなかったり，情報提供が迅速に行われなかったり，情報を隠蔽・改ざんしたりすると，不信感が募り，信頼を大きく損なう。とくに，事件・事故についての説明責任を果たそうとする際には，迅速，丁寧，誠意ある対応が求められる。このような点を十分に認識して説明したり，メッセージを発したりするようにする。

　このあと，第1編から第3編までさまざまなケースを想定して説明やメッセージの具体例が例示されている。ただ，Q1からQ74までの例示をみると，その説明責任を果たさなければならない重要性，緊急性には大きな違いがある。言い換えれば，学校からさまざまな情報発信は，重要性や緊急性を考慮したタイムリーな対応が求められる。

　以下，学校が説明責任を果たす際に配慮すべき点について説明する。

1．校長の立場

　学校が情報発信をする際，たとえ，その説明者や文書の作成者が校長以外の管理職，主幹教諭，分掌の主任等であったとしても最終的には当然のことながら校長が全責任を負わなければならない。

　そこで，このような学校からの情報発信に際して，校長として「判断を人任せにしない」「瞬時に判断し，迅速に対応する」「最悪の事態を考えて最善を尽くす」等が求められる。判断を人任せにすれば校長の管理者としての責任，リーダーシップが問われ，教職員や保護者，地域からの信頼を揺るがす。判断を誤り対応が遅れると，事態をより深刻にし，解決までの道のりを遠の

かせる。最悪の事態を考えた対応を怠れば，事態の深刻化を招き，対応が後手に回ってしまう。

２．説明・メッセージの作成に当たって

⑴ 説明する者，文書を作成する者の明確化

　責任の所在を明確にするためにも，誰が説明するのか，誰が文書を作成するのかを明確にする。事件や事故の対応等，重大性，緊急性を要するものについては管理職が行うのが基本である。しかし，学校の日常に関わる事項等については主幹教諭や分掌主任等に任せる方がよい。教職員は任され，責任をもって対応することにより，さまざまな課題についての認識を深め，対応力を身に付けられるからである。

⑵ 説明事項・記載事項の確認，事実のみ平易な言葉での説明

　主幹教諭や分掌主任は，学年，分掌の他の教職員ともよく協議して事実関係や記載事項を確認し，説明やメッセージの内容を文書化する。その際，事実のみに触れるようにし，思い込み，憶測，感想などは排除する。また，専門用語は避け，わかりやすい表現に心がける。完成したものは文書起案をし，最終的に校長が決裁する。

⑶ 可能な限り，先を見通した具体策の提示，後追いの情報提供

　情報発信する際，事実を伝えるだけでなく，学校としての考え方，具体的対応について触れる。また，事件や事故の場合は，事実を伝える説明やメッセージを発した後，しばらく時を置いて，再度その後の様子や対応等を改めて伝え，丁寧に誠実に説明責任を果たす。

⑷ 発出前に教職員で共通理解

　学校は組織体であり，教職員が一体となって教育活動を行っていることを踏まえ，学校からの情報はすべての教職員が内容を十分に理解し，誰でも同じような説明ができるようにしておく必要がある。また，そのことによって当事者意識も生まれる。

⑸ 個人情報の扱い，情報拡散への配慮

　子どもたちの名前，写真，作文，作品等を掲載する際には，必ず事前に本人や保護者の了解を得る。年度の始めに，保護者に対してアンケートを実施し，どこまで掲載が可能か確認するのも効果的である。ただ，いずれにして

も個人情報の扱いには細心の注意を払い，使用は必要最小限に抑える。

　また，ＳＮＳ等によって，学校からの情報が子どもや保護者などからインターネット等により拡散することがある。ＳＮＳ等で不用意に情報を発信しないよう子どもや保護者に対して日頃から個人情報の保護，情報拡散等について注意喚起をする。

3．説明・メッセージの発出の方法について

　具体的には，緊急保護者会，学年や学級の保護者会，記者会見，面談等の対面で伝えるのか，通知文，学校だより，学年だより，学級通信，ホームページ等の文書等での伝え方が考えられる。

⑴　保護者会等の対面での対応

　とくに，事件や事故の説明においては，文書よりも対面で行う方が効果的である。事実を直接に伝えることができる。また，直接，質問や意見等の聴取が可能で，学校の対応に対する出席者の反応も確認できる。そして，何より学校の誠意が伝わるからである。

　開催の時期については，可能な限り早く設定する。時間が経てば経つほど，誤った情報が拡散したり，学校への不信感が高まったりする。また，開催の周知については，可能な限り速やかに文書や一斉メール，ホームページ等で行う。その際，情報の独り歩きを避けるため，詳細は記載せず，開催の日時，場所，目的だけを記載するようにする。さらには，開催の時刻や場所については，対象者の立場に立った設定が求められる。

⑵　文書等による対応

　文書による説明やメッセージは，対象者に確実に届き，正確に読み取ってもらえれば，伝えたい内容は正確に伝えることができる。

　気を付けなければならないのは，文章が長すぎたり，情報量が多すぎたり，伝えたい内容が不明確だったりすると正確に読み取ってもらえなかったり，伝えたい内容が正しく伝わらないことである。また，通知文などが確実に保護者等の手元に届いているかを確認する必要もある。同じ文書をホームページ等にもアップし，二重三重にも目に触れる機会をつくり，周知の徹底を図る。また，最近では日本語の理解が十分でない保護者や地域の住民も少なからず存在するので配慮が必要である。

第1編
学校の危機・緊急時に求められる説明・メッセージ

　学校が，地震・台風などの自然災害に遭遇したとき，感染症・食中毒の感染者が多数発生したとき，学校としてどのように対応し，説明責任を果たすか，また，教職員のセクハラ・パワハラ，教職員同士のいじめ，教職員の不祥事など，学校が危機に陥ったとき，学校としてどのように対応し，学校の説明責任を果たすかについて，学校の説明・メッセージの実例を掲げ，ポイントを解説します。

自然災害発生時の対応・説明

地震発生時の避難誘導

東京学芸大学教職大学院教授　**渡邉　正樹**

Q1　学校の教育活動中に大きな地震が発生しました。日頃の避難訓練を生かして，校長として，子どもたちにどのように説明し，避難を開始したらよいですか。

説明・メッセージ実例

● **揺れが起きている場面**

　地震で大きな揺れが起きています。すぐに「落ちてこない，倒れてこない，移動してこない」場所に身を寄せなさい。頭を守りなさい。

● **揺れが収まった場面**（停電で放送が使えぬ場合ハンディメガホンを用いる）

　皆さん，怪我はありませんか。怪我をした人は近くの先生に知らせなさい。また，怪我をした人を見つけた場合も近くの先生に知らせなさい。先生方は担当ごとに避難経路の安全を至急確認してください。

　児童（生徒）の皆さんは先生の指示があり次第，避難訓練で学んだ方法で決められた避難場所（具体的に学校が指定した場所）へ移動しなさい。

● **避難場所で**（教師による点呼の後）

　皆さん，怪我をした人，気分が悪い人はいませんか？もしいたら先生に知らせてください。皆さん，訓練どおりに安全に避難できました。（もし課題があれば指摘する）。日頃の避難訓練の成果が出せたと思います。先生方からこれからの行動について連絡があります（学校で決めた引き渡し，あるいは学校での待機について子どもたちに説明する）。

説明・メッセージのポイント・留意点

　揺れが発生した直後の指示としては，従来であれば「机の下にもぐって」であるが，教育活動中とは言え，すべての子どもたちが机のそばにいる状況は現実にはあり得ない。自分の今いる場所で安全を確保することが重要であ

る。その場合，東日本大震災後からは「物が落ちてこない，物が倒れてこない，物が移動してこない」場所に避難することが基本となっている。机の下はその一つにすぎない。また，この基本は屋外であっても適用できる。

　多くの学校で従来行っていた避難訓練は，児童・生徒が教室にいる時間帯に地震が発生するという前提で，揺れの直後に机の下に身を隠し，揺れが収まった後に校舎外に避難するというものであった。しかし，前述したように，教室に児童・生徒がそろっているときに限定して，地震が発生するわけではない。校庭にいるとき，体育館にいるとき，給食の準備をしているとき，あらゆる場合に発生する可能性がある。その時にいつでも机の下にもぐることができるとは限らない。そのため，自分で危険予測をして，すばやく「落ちてこない，倒れてこない，移動してこない」場所へ避難しなければならない。

　平成24年1月，東日本大震災で大きな被害を受けた岩手県，宮城県，福島県の全学校・園を対象として文部科学省が実施した「東日本大震災における学校等の対応等に関する調査」によると，通常の学習時間を想定した訓練しか行っていなかったこと，停電で放送機器が使えず，避難誘導できなかったことが課題として挙がっていた。上記の指示ではハンディメガホンの使用を例として挙げているが，それぞれの学校で工夫が必要である。

　また，揺れがおさまった後の避難行動では「おかしもの約束」（押さない，かけない，しゃべらない，もどらない）を守って避難するということが長く行われていた。しかし，「おかしもの約束」では子ども自身の危険予測・回避行動が育たない。小学校低学年では「おかしもの約束」を取り上げてもよいが，徐々に子ども自身で判断できる設定を考えて訓練を行う。また，必ずしも校庭や体育館が避難場所として適切とは限らない。非構造部材も含めて校舎が耐震化されている場合は，校舎内に留まる選択肢もある。Q2のような津波被害が想定される学校では最初から高台へ避難する方が安全である。

　東日本大震災以降，緊急地震速報の警報音を用いた訓練が広がっている。これまでの避難訓練は，地震の揺れを感じたという設定で行っていた。しかし，これからは，揺れの前に発報される緊急地震速報の警報音を流し，揺れの前に安全な場所，「落ちてこない，倒れてこない，移動してこない」場所を児童・生徒自身が見つけ，迅速に身の安全を図ることが効果的である。

自然災害発生時の対応・説明

津波発生時の避難誘導

東京学芸大学教職大学院教授　渡邉　正樹

> **Q2**　地震により，津波が迫っている中，避難・対応について，校長と
> して，子どもたちにどのように指示・説明をしたらよいでしょうか。

説明・メッセージ実例

（地震発生直後の対応はQ1説明を参照。ただし，津波被害が想定される
学校では，あらかじめ高台や校舎の高層階が避難場所になっているのが普通
である。以下は，地震発生後，校舎に留まっていた児童・生徒を高台へ避難
させることを想定している。なお，避難経路は教師が安全確認しておく）。

●津波警報が発せられた直後

ただいま，津波警報が出ました。津波が発生したときの避難訓練どおりに，
速やかに避難して下さい。点呼は高台の避難場所で行います。それぞれ急い
で高台へ避難して下さい。

●高台の避難場所で

津波警報はまだ解除されていません。皆さんの家や家族の人が心配だと思
いますが，警報が解除され，安全が確認できるまでここに留まって下さい。

説明・メッセージのポイント・留意点

津波発生時の避難は時間との闘いである。余計な説明はせず，急ぎ高台へ
避難できるよう手短かに確実に指示する。小学校低学年であれば教師が誘導
するが，中学年以降であれば個々に避難させてよい。次の備えが必要である。

1．高台など安全な場所を確保しておく

津波からの避難に不可欠なのは津波から身を守ることのできる高台である。
想定される最大の津波高でも安全に避難できる場所を決めておく。海や河川
から離れた場所であれば地震発生後は校庭に避難してもよいが，津波被害が
想定される場所に学校が位置しているのであれば，直接高台の避難場所へ行

くことが最も安全な避難方法である。近隣に高台がない場合は学校の高層階，あるいは近隣のビルの高層階なども避難場所の候補となる。

　また，海岸から離れていても津波は河川を遡上し，上流から波が襲ってくる場合がある。河川部周辺に位置する学校では，海岸から離れているからといって安心せず，速やかに避難行動をとらなければならない。

２．高台へ最短時間で行くことのできる避難経路を確保しておく

　津波が発生した時は，1分，2分の避難の遅れが命とりになる。安全な高台があったとしても，迅速にそこへ行くことができなければ意味がない。そのため，過去に津波被害があった地域や今後津波が想定されている地域では，学校の校舎の上層階から直接高台へ行ける道が整備されたりしている。

３．避難訓練を行い，避難にかかる時間を調べておく

　訓練を通じて避難にかかる時間がわかっていれば，津波の到達時間前に確実に避難できるかどうかの判断が可能になる。高台への移動に間に合わないことも想定して，他の避難場所の選択肢も用意しておくことが望ましい。

４．保護者への引き渡しは避難場所で

　保護者への児童・生徒の引き渡しを行う場合は，安全な避難場所で行う。

５．１〜４を含めて，津波被害を想定した避難マニュアルを作成しておく

　以下，津波が発生した場合の対処に関する注意点を挙げる。

●情報の入手法

　地震発生時の停電はもちろん，津波が発生して校舎外に避難しなければならないときは，情報を入手できる機器を用意しておく。

●津波の到達時間の判断

　海岸から内陸に位置する学校では，津波到達時間の判断に注意を要する。東日本大震災の際，津波到達時間になっても津波が来ないため安全と判断し，校舎外に出たところ，直後に津波が襲ってきたという事例があった。津波到達時間はあくまでも海岸までの時間であるため，内陸への津波到達は遅れる。

●マニュアルを基本にし，臨機応変な対応も

　基本的にはマニュアルに従って対応するが，津波高が想定を上回る可能性も否定できない。避難場所では安全が確保できない場合はさらに安全な場所への移動も必要になるので，さまざまな選択肢を準備しておく必要がある。

自然災害発生時の対応・説明

地震発生時の子どもの引き渡し

東京学芸大学教職大学院教授　渡邉　正樹

Q3　子どもが学校にいる間に，震度6弱の地震が発生しました。副校長として，子どもの引き渡しについて，子ども，保護者にどう説明しますか。

説明・メッセージ実例

●**児童・生徒向け**（揺れがおさまり，避難場所で点呼後）

　皆さん，怪我をした人，気分が悪い人はいませんか？もしいたら先生に知らせてください。この後，皆さんの保護者が皆さんを引き取りにいらっしゃいます。それまで静かに待っていてください。

●**保護者向け**（地震発生前の対応として）

　地震災害発生時の児童（生徒）の引き渡しについてご連絡致します。本校の引き渡しルールは次のとおりと致します。

1．学校を含む地域の震度が5弱以上の場合

　保護者の皆さんが引き取りにいらっしゃるまで，児童（生徒）は学校に待機させます。学校で安全に保護します。

2．学校を含む地域の震度が4以下の場合

　原則として児童（生徒）は下校させます。ただし，震度が4以下であっても交通機関に混乱が生じて，保護者の皆さんが帰宅困難になることが予想される場合，事前に届を出していただき，引き渡しまで児童（生徒）を学校で待機させます。

　2の場合で，児童（生徒）を学校で待機させることを希望される保護者の方は別紙に記載の上，○月○日までに担任まで提出して下さい。

　なお引き渡し場所ですが，地震発生時の避難場所となっている○○です。その際，あらかじめお配りしている「緊急時引き渡しカード」をご持参下さ

い。学校保管の引き渡しカードと照合のうえ，引き渡しを実施致します。

● **保護者向け**（引き渡し当日）

　引き取りに集まっていただいた保護者の皆さんはクラスごとに引き取りをお願いします。その際，ご持参いただいた「緊急時引き渡しカード」を確認致します。クラス担任にカードを提出してください。

説明・メッセージのポイント・留意点

　上記のルールは，東日本大震災の際に児童・生徒を帰宅させたところ，公共交通機関が停止していたため，保護者が帰宅できない事例がみられたことから設定されるようになったものである。なお，ここでは，震度4と震度5弱を基準としているが，交通機関の状況など地域性を考慮し基準を設定する。

　他にも，下校させるかどうか，引き渡しとするかの判断には，通学路に被害が発生していないか，引き取りに来校する保護者に危険がないかなども関係する。あらかじめ想定しうる状況を洗い出し，そのうえでルールづくりを行う。できれば保護者会などを利用して，保護者の意見をあらかじめ聴取しておき，ルールづくりに役立たせるとよいであろう。

　また，災害発生時には引き渡しだけではなく，不在児童・生徒の安否確認や学校へ避難してくる地域住民への対応などが同時に行われるため，大きな混乱が生じることも考えられる。そのため，教員の役割分担を明確にしておき，訓練を通じて課題を解決しておくとよい。また，災害発生直後は学校と保護者との間で連絡をとることが困難になることが予想される。上記のルールは学校だよりなどで繰り返し保護者へ周知しておくことも必要であろう。

　ところで，東日本大震災の際には，保護者への引き渡し後に被災し死亡・行方不明となった児童・生徒が数多くいたことが明らかになっている。そのため，引き渡し後に津波などでかえって被災する可能性がある場合は，保護者に対しても災害に関する情報を提供するとともに，児童・生徒を引き渡さず，保護者と共に学校に留まることも対応の一つである。もちろん，この場合，学校が安全な場所に位置していることが前提となる。

　現在，多くの学校では引き渡し訓練が行われているが，引き渡しだけを行う訓練であり，実際の災害時の状況とは大きく異なることを，教員も保護者もよく理解しておくべきである。

自然災害発生時の対応・説明

台風接近時の運動会延期

元暁星学園小学校長　**佐藤　正吉**

Q4 台風が接近しているという情報があります。運動会は，どのように
なるか，校長として，保護者にどのように説明しますか。

説明・メッセージ実例

《「臨時休校のお知らせ」》

（予め台風の接近が予測される場合の文書による通知）

　子どもたちは運動会を明日に控えて張り切っています。

　ところで，非常に強い大型の台風○号が，日本に接近しています。気象庁
からは，台風は今夜にも東海地方に上陸し関東地方を縦断するコースをとる
という情報が発表されました。

　こうした状況をふまえ，教育委員会や近隣の学校等とも連絡をとり，下記
の通り明日10日（土）を臨時休校とし，予定している運動会を順延します。
明日は，くれぐれも安全に十分留意され各ご家庭でお過ごしください。

記

1．臨 時 休 校　10月10日（土）を臨時休校とします。

2．運動会順延　運動会を10月11日（日）に順延します。

3．登 校 時 刻　11日の登校時刻は，午前8時15分です。

4．持 ち 物 等　運動会実施の場合の持ち物で登校させてください。

　　　　　　　　　（体操着，紅白帽，ハチマキ，タオル，弁当，水筒）

5．放課後児童クラブ　10日は，放課後児童クラブも閉鎖となります。

6．緊 急 連 絡　11日の天候等の状況によってさらに順延の場合には，

　　　　　　　　　当日午前6時に一斉配信メールで各ご家庭に連絡します。

《「一斉配信メールによる緊急連絡」》

（台風接近が急速に早まった際の，保護者への緊急連絡）

2020年10月9日21時発，○○小学校からの緊急連絡です。

　○○小学校保護者の皆様へ

　台風○号の急接近に伴い，先ほど東京都に大雨洪水注意報が発令されました。そこで，明日10月10日（土）に予定しておりました運動会を順延にし，10日は，臨時休校とします。また，10日は，放課後児童クラブも閉鎖となります。運動会は，11日（日）に実施します。登校時刻は平常どおりの午前8時15分までです。持ち物は，すでに連絡してある運動会の準備（体操着，紅白帽，ハチマキ，タオル，弁当，水筒）で登校させてください。なお，11日当日の天候等の状況によってさらに延期をする場合には，当日朝6時に各ご家庭に一斉配信メールで連絡します。

説明・メッセージのポイント・留意点

　台風接近時の運動会延期の各家庭への連絡は，正確・迅速が大切である。また，教育委員会始め近隣の学校，放課後児童クラブ，来校予定の来賓等にも連絡しておく。保護者への運動会の通知には，雨天等の場合を想定してのスケジュールも知らせてあるが，台風接近の状況によっては改めて通知を出したり，緊急の際の一斉配信メールによる連絡をすることが必要である。

　学校行事に際して気象状況を把握しておくのは基本であり，台風のように児童や学校の安全にかかわることが予想される場合には，確実な情報把握により学校としての明確な判断が重要である。学校運営上，日頃から校長を始め教職員全員が自治体のハザードマップなどで土砂災害警戒区域や浸水想定区域等の危険な場所を確認しておくことが大切である。また，台風の状況によっては学校が避難所となる場合も考えられるので，そうした際の対応については区の防災担当との連絡も予定しておく。台風接近の際の運動会の実施に当たっての大切なことを，次のようにまとめる。

① 　平時よりハザードマップ等により学校の周辺情報を把握しておくこと。

② 　学校行事の保護者への通知に，雨天等の場合日程変更を記載しておくこと。

③ 　学校は正確な台風情報に基づく判断を行い，迅速に各家庭に連絡すること。

④ 　校長は，学校が避難所となる場合も想定しておくことが必要である。

自然災害発生時の対応・説明

台風通過後の学校運営

元暁星学園小学校長　**佐藤　正吉**

Q5 台風により河川が氾濫して，学校の通学区の家屋が大きな被害を受けました。校長として，今後の対応について教職員にどのように説明しますか。

説明・メッセージ実例

　台風により○○川が氾濫し，通学区の家屋が大きな被害を受けました。

　まず，迅速に児童の安否を確認するよう，非常時の役割分担に即して教務主任を中心に，児童の安否と各家庭の状況の把握に努めてください。

　次に，昨夜の緊急避難情報発令により，すでに地域の方が本校に避難してきています。本校では第一避難場所を体育館としており，すでに区の防災課の担当者と連携して，体育館に約200人の方が避難して来ています。さらに，状況によっては避難してくる方が増えることが予想されます。その場合は，計画に即して多目的室も避難場所とすることになります。

　そこで，本校教職員の当面する業務についてお話しします。

　第一に，私が校内本部長，教頭を総括担当とし避難所対応も行います。3主任を班長とし，教務部は児童安否確認，保護者連絡等，生徒指導部は安全点検等，保健部は救急医療関係等を行い，各分担の業務を進めてください。

　第二に，すでに一斉配信メールで皆さんにも，各家庭にも連絡しましたが，本日から学校を臨時休校にします。このことは，すでに教育委員会にも連絡してあります。また，近隣の学校や幼稚園・保育園，放課後児童クラブ等にも連絡してあります。台風被害の状況によっても変化しますが，学校としては，教育活動の早期再開に向けての準備をします。

　第三に，迅速に学校の被害状況を把握します。何よりも被害の拡大や二次災害の危険がないように安全に配慮して全員で校内や学校周辺等の状況を把

握してください。その際，写真撮影など確実に記録してください。

　最後に，緊急避難所となった学校の教職員としての心得です。避難されている方は，不安な思いでいます。学校ということで，教職員にいろいろ訊ねてくることがあると思います。忙しい皆さんですが，質問等には「それは，区の担当の○○さんに聞いてください」とか「私が教頭に聞いて，正確にお答えします」などのように対応してください。もちろん，教室や避難場所としていない部屋などに入ろうとした場合は，「ここは避難場所にはなっていませんのでご遠慮ください」というようにはっきりと注意してください。

　なお，当面の勤務等については教育委員会とも連絡をとり具体的にお知らせします。何よりも児童の安全と校舎等の安全を守り，教育活動の早期再開に向けて全員で力を合わせるようお願いします。

説明・メッセージのポイント・留意点

　学校は，当該自治体の地域防災計画において避難場所として指定されている場合が多い。台風被害などの避難場所として学校をどう運営するかは，学校の危機管理として日頃から教育委員会や地域防災団体等と連携を取り，教職員に具体的に周知しておくことが重要である。文部科学省の『学校等の防災体制の充実について』の報告書を基盤に，各自治体で作成している『ハザードマップ』なども含めて，学校としての体制を具体的に立てておくことが基本である。緊急事態での学校の対応として次のことを重視したい。

①　学校が避難場所となった場合，原則的には災害担当部局の管理下に置かれるが，避難所の運営システムが確立するまでの間，校長をはじめ教職員は，避難所運営に協力することが期待されていること。

②　学校は，児童や教職員の安全確保に万全を期することが第一の役割であり，学校防災計画，教職員のマニュアル等に即した行動をとるようにすること。

③　学校が避難所になった場合は，教育機能の回復に必要な情報のほか，地域の被災情報，被災者の安否情報等についても災害対策本部や教育委員会等との情報のネットワークが不可欠であることを知ること。

④　校長は，避難所となった場合に学校教職員が災害時に救援事務に従事するのは，服務上，職務として取り扱えることを把握しておくこと。

新型コロナウイルスへの対応・説明

臨時休業時の生活・学習

国立音楽大学教授
元全日本中学校長会会長　　**榎本　智司**

Q6　新型コロナウイルスの感染防止対策として，臨時休校となりました。休み中の子どもの生活・学習について，主幹教諭として，子ども，保護者にどのように説明しますか。

説明・メッセージ実例

　新型コロナウイルスの感染拡大に伴う政府の休校要請を受け，本校も教育委員会の指示で3月7日（火）から当面の間，休校とすることになりました。

　私は，本校の教育活動全般について計画・運営等を行っております教務主幹の○○です。この要請を受け，休校期間中も規則正しく，有意義な日々を過ごせるようご家庭での生活・学習についてご配慮いただきたい点をまとめました。ぜひ，お子様と一緒にご確認ください。

1．はじめに

●この臨時休業期間は，普段の長期休業とは意味が異なります。不要不急の外出はしないようにしてください。部活動も中止です。もちろん，友だちとの不要な行き来もできません。

●臨時休業期間は，学校からメール等でさまざまな連絡をすることがあります。学校からの連絡を毎日チェックするようお願いします。また，原則，子ども，保護者の皆様ともに来校はできません。何か連絡事項等があれば，電話でお願いします。

●今後，臨時休業期間の課題等をお渡ししますが，その方法については改めて連絡します。

●学習面の遅れも心配されていると思います。学校再開後，毎週の授業のコマ数を増やす，長期休業を短縮し授業を実施する等回復を目指します。

2．生活面

●体調管理に十分に注意してください。十分な睡眠，適度の運動，バランスのとれた食事に心がけてください。また，家にいることが多くなるため精神的な安定を図るようお願いします。心配なことがあれば，遠慮なく学校にご連絡ください。

●原則，外出はしないようにしてください。やむなく外出する際には，マスクを着用し，三密（「密閉」「密集」「密接」）を避けてください。

●ＳＮＳ等の扱いには十分に配慮してください。個人情報の流出，プライバシーの侵害，不特定の人との接触等には特に注意が必要です。

●部活動は全面禁止です。自宅でできるトレーニング，練習に心がけ下さい。

3．学習面

●今後学校から出される宿題に取り組んでください。学校から，いつ，どの教科の課題をやればよいか具体的な計画表も示します。それを参考にして計画的に進めてください。

●時間は十分にあります。ぜひ，これまで不得意だった教科，よく理解ができていない単元等の復習，あるいはこれから学習する内容についての予習等に時間を使ってください。

●日頃，本を読む習慣がない人もいると思います。読書に親しむ機会にもしてください。

説明・メッセージのポイント・留意点

●**不安解消のための誠意ある説明**

　これまでに経験のない対応である。子ども，保護者が不安や疑問を解消できるよう丁寧かつ誠意ある具体的な説明をする。

●**臨時休業の意味の徹底**

　通常の長期休業と異なり，原則は不要不急の外出は避けることを徹底する。

●**臨時休業期間の子どもの状況把握**

　子どもの健康，心の安定，学習や生活の状況，虐待やネグレクト等の有無などの確認のため，家庭訪問や電話連絡，関係諸機関との連携等を図る。

●**臨時休業期間の課題の対応**

　必ず回収し，可能な限り早い時期に採点したり，コメント等を付したりして返却し，子どもたちの学習状況の把握と意欲喚起につなげる。

新型コロナウイルスへの対応・説明

コロナ沈静化後の学校行事

国立音楽大学教授
元全日本中学校長会会長　　**榎本　智司**

Q7　新型コロナウイルスが猛威を振るい沈静化した後，学校として，
学校行事をどのように進めていくか，校長として，子ども，保護者に
どのように説明しますか。

説明・メッセージ実例

　新型コロナウイルス感染症緊急事態宣言が解除され，学校の教育活動も再
開しました。しかしながら，新型コロナウイル感染が終息したわけではあり
ません。感染防止に向けて万全の態勢で教育活動を続けてまいります。今後
の学校行事については次のように考え実施していきますので，趣旨をご理解
いただき，ご支援・ご協力のほど，よろしくお願いいたします。

1．今年度の学校経営の基本的な考え方

　例年行っている学校行事も含めすべての教育活動を行っていくことはでき
ません。まずは，子どもたちの健康を第一に考え，安全・安心に配慮しなが
ら万全の態勢で教育活動にあたっていきます。

　その際，各教科等の指導を最優先で考えていきます。昨年度末と今年度の
4月～5月の学習の遅れを取り戻さなければなりません。学習についてはそ
の学年ごとに学ぶべき内容が明確に示されていますが，文部科学省では，次
年度以降に分散して学ばせることも可能との方針を示しています。しかし，
年度内で今後可能な限り授業時数を確保し，学力の定着に当たります。

2．学校行事についての考え方

　今年度については，「1」の考え方を踏まえ，授業時間の確保，学校行事
に費やす準備の時間の削減，さらには，可能な限り子どもたちの三密状態を
避け，新型コロナウイルス感染拡大を防ぐ観点等から一部中止にしたり，実
施方法を変更したりします。このことについては，すでに子どもたちにも今

週の朝礼で伝えたところです。

なお，今年度年間行事予定を修正したものを配布しました。ご確認下さい。
以下，今年度中止とした主な学校行事です。

体育祭　体育祭はスポーツの盛んな本校にとって子どもたちの主体性や自主性を高め，クラスの団結を深めるきわめて貴重な機会です。3学期に学年ごとの球技大会等を開催し，子どもたちの活躍の場を確保する予定です。

合唱コンクール　合唱は練習や本番で「三密」（「密閉」「密集」「密接」）状態をつくります。子どもの健康と安全・安心を第一に考えた結果です。

修学旅行（3年），移動教室（2年）　交通手段や宿泊施設の再予約が困難，今後の新型コロナウイルスの感染状況が不明などによります。

学校行事は，体験的な活動を通して，集団への所属感や連帯感を深め，公共の精神を養うためにもきわめて大切なものです。このことも踏まえ，新型コロナウイルスの感染状況も考慮しながら柔軟に考え対応していきます。

説明・メッセージのポイント・留意点

1．学校行事についての方針の明確化

例年どおりの実施は不可能である。あくまでも緊急事態であり，子どもたちの健康，安心・安全を最優先して対応していくことを明確に伝える。

2．子どもへの説明

学校行事が中止になったり，実施方法が例年と変更になったりすることに一番敏感なのは子どもたちである。学年主任や学級担任からではなく，校長が学校行事の中止や実施方法の変更について誠意をもって伝えるようにする。

3．代替措置の検討

学校行事の重要性も考慮し，すべてを中止にするのではなく「1．基本的な考え方」に沿って，子どもたちに活躍の場を与える学校行事を考える。

4．学校行事の全体の見直し

学校教育のスリム化，子どもたちの多忙化の解消，教職員の働き方改革等の視点から，学校行事の見直しを図る機会とすることも大切である。

新型コロナウイルスへの対応・説明

教育活動中の感染予防

国立音楽大学教授
元全日本中学校長会会長　**榎本　智司**

Q8　新型コロナウイルス対応の指針として，文部科学省から通知が出されていますが，学校における教育活動中における感染予防のポイントについて，校長として，保護者にどのように説明し理解を得ますか。

説明・メッセージ実例

　新型コロナウイルス緊急事態宣言が解除され，学校が再開されました。しかし，感染が終息したわけではありません。本校は，子どもたちの健康と安全・安心を最優先し，今後も感染防止に向け最大限の配慮をして参ります。

　以下，文部科学省等の指針も参考にして作成した，本校の感染防止に向けた取り組みを説明します。なお，感染予防に併せて，子どもたちの心のケアも積極的に行っていきます。

1．登校時のお願い

　各ご家庭で，登校前に必ず検温し，体調を確認し，学校が配布した「健康チェック表」に記入し，持参させてください。また，登校時は必ずマスクを着用させてください。なお，微熱があったり具合が悪かったりする時には絶対に登校させないでください。

2．健康観察の実施

　朝の学級活動の時間に担任が，子どもが持参した「健康チェック表」に基づき健康観察を行います。朝，自宅では特に異常がない場合でも，養護教諭や校医との協議等の結果，下校させる場合もあります。その際には，保護者の方に連絡します。

3．消毒，手洗いの励行

　各教室に，消毒用のアルコールを設置します。登校時，休み時間，放課後等，各自で積極的に消毒に心がけるよう指導します。また，手洗いにつ

いても各自が折に触れて行うように指導します。

4．校内での生活

　これからの時期，熱中症の防止にも配慮しながら，教職員，子どもたち共に原則，マスクを着用して生活します。

　教室の出入り口，窓等は原則，開放状態にします。机の配置にも配慮し，可能な限り三密（密閉，密集，密接）状態を回避します。給食時は，配膳する子どもはビニール手袋を着用させ全員前を向く方向に机を配置します。

5．教育活動の配慮

　教科ごとに検討し，三密状態になるような授業内容は年間の授業の予定を変更し，2学期後半から3学期に回すようにし，子どもたちの健康，安全・安心を確保できる内容から実施します。

　部活動については活動の内容にもよりますが，感染防止に最大限配慮し行うようにします。しばらくは，十分な活動時間，活動内容が確保できないかもしれませんが，ご了承ください。

説明・メッセージのポイント・留意点

1．文部科学省，都道府県教委，地区教委の文書の確認

　教育活動中の感染予防については，文部科学省，都道府県教育委員会，各地区の教育委員会等から文書やQ＆Aが出されている。それらを参考にしながら，各学校の実情に応じた対応策を策定する。

2．具体策の提示

　子どもや保護者に求めること，学校が対応することは，具体的に明確に示す。学校の考え・対応策等が正確に伝わり対応が徹底されるように配慮する。

3．臨機応変な対応

　いろいろな考え方の子どもや保護者がいる。子ども，保護者に理解を得られる対応に心がける。また，感染防止を第一に，臨機応変に対応できる柔軟性を大切にする。併せて，子どもの心のケアにも十分に配慮する。

4．対応策の全教職員の理解と実行

　校長が子どもや保護者に向けて対応策を示しても，それが確実に学校で行われなければ，学校に対する不信感にもつながる。学校の示した対応策は全教職員が十分に理解し，やり切ることが大切である。

新型コロナウイルスへの対応・説明

授業時数格差への対応

国立音楽大学教授
元全日本中学校長会会長　　**榎本　智司**

Q9　新型コロナウイルスの感染防止のため緊急事態宣言が延長されましたが，学校の再開時期については各都道府県でばらばらだったため，年間授業時数に差が生まれ，学力に与える影響が心配されています。このことについて，教頭として子どもや保護者にどう説明しますか。

説明・メッセージ実例

　新型コロナウイルス緊急事態宣言が解除され，学校が再開されました。約3カ月間，臨時休校が続いたため，その間の授業の遅れについてご心配されているのではないでしょうか。そこで，本校が今後，臨時休校期間の授業の遅れについてどのように考え，どのような対応をしていくのかを説明します。

1．授業時数の確保

　今後，毎週の授業のコマ数の増加（水曜日6時間目の設定，月曜日から金曜日までのどこかの曜日に7時間目の設定等），土曜授業の実施，長期休業期間の短縮，学校行事の見直し等により，授業時数の確保を行います。ただ，その際，子どもたちの負担等にも十分に配慮します。

2．始業前，放課後の活用

　本校では始業前に全学年「朝学習」を実施しています。その時間を活用して国語の読解や漢字，数学の計算，英語の単語の基礎的な学力補充をこれまで以上に力を入れていきます。

　また，放課後については，月曜日から金曜日まで，国語，数学，英語，理科，社会について，教科担当の教員が輪番で子どもたちの質問を受けたり，自習をサポートしたりする「放課後学習教室」を実施します。

3．指導補助員の導入

　今後の授業，放課後の指導にあたり，指導補助員を導入します。教員と連

携しながら指導の充実を図っていきます。

4．家庭教育の定着化

　今回の事態を踏まえて，本校では家庭教育の定着を通して子どもたちの学力を定着させ，更なる向上を図ります。具体的な方法については今後，子どもたちには授業で，保護者の皆様には学校だよりでお伝えします。

5．年間指導計画の変更

　4月当初に各ご家庭に郵送した教科ごとの年間指導計画を，この事態を踏まえ改訂しました。この計画にそって，学力の向上を図ります。

6．来年の入試

　中学校3年生，そしてその保護者の皆様は心配されていると思います。この件については，5月13日に文部科学省から，臨時休業の実施等の状況を踏まえ，出題範囲や内容・出題方法について，特定の入学志願者が不利にならないよう適切な工夫を講じるよう文書が出されています。すべての高等学校が，この通知を踏まえた対応をすることになっています。

説明・メッセージのポイント・留意点

1．子どもや保護者も納得する具体策の提示

　臨時休業が長引く中，子どもや保護者の一番の心配事は学習の遅れである。その心配を払拭するためには，無理のない，具体的な対応策を示すことと，それを教職員が一丸となってやり通すことが求められる。

2．子どもへの十分な配慮

　授業の遅れを取り戻すことは大切である。しかし，授業の主役はあくまでも子どもたちである。教師の都合での過度の負担は避けなければならない。子どもたちの実態を踏まえた指導が大切である。

3．年間指導計画の見直し

　4月当初に子どもや保護者に示した年間指導計画を作り直し，学習の遅れをどのように取り戻すのかを明確に示すことが必要である。

4．入試の対応

　とくに，中学校3年生の生徒と保護者にとっては入試の対応が一番の関心事である。文部科学省だけでなく，各都道府県教育委員会などの通知等の内容も丁寧に伝えることが大切である。

新型コロナウイルスへの対応・説明

オンライン授業の注意点

元全日本中学校長会会長　**伊藤　俊典**

Q10　コロナウィルスへの感染防止のため学校が臨時休業となり，オンライン授業の必要性が現実化していますが，学校がオンライン授業を進める場合，副校長として，児童・生徒，保護者にどのように説明していったらよいでしょうか。

説明・メッセージ実例

　学校は学びの場です。そして，これまで教師が教室において登校してきた子どもたちと顔を合わせて授業をしてきました。教室での授業は，教師が子どもたちの反応や理解度などを見ながら指導ができたり，子どもたち同士の話し合いや協力して課題を解決する学習を取り入れたり，質問をその場で受けて答えたりすることができるメリットがあります。とくに，机間指導は一人ひとりの学力向上についての効果があると思っています。

　しかしながら，子どもたちの新型コロナウィルスへの感染防止のために，こうした対面型の授業を毎日通常どおり実施することがむずかしくなっています。私たちは，こうした状況のなかでも，子どもたちにそれぞれの学年の教育課程に基づいて確かな学力を身に付けさせていかなければなりません。

　これまでは，教科書の内容を中心として，教員がプリントを作り，それを子どもたちや保護者に学校に取りに来てもらって，自宅でプリントの課題を行うことを中心に学習を進めてきました。子どもたちは，自宅で，教科書とプリントで学んでいます。しかし，それだけでは不十分と考えます。

　子どもたちが登校できない状況のなかでも対面型の授業と同じように有効な手立てとして，オンライン授業があります。本区においては，教育委員会の施策の一つとしてオンライン授業を行えるようになり，その方針を受けて本校でも研究を重ねてきた結果，オンライン授業を実施することにしました。

ご家庭で保有するスマートフォン，パソコン，タブレット端末を活用させていただくことになりますので，ご理解とご協力をお願いいたします。

　実際には，次の方法で行います。一つは，オンライン会議システムを用いて，担当教員と子どもたちが同時にアクセスをして声のやりとりもできる方法です。授業やホームルームをしながら，子どもたちとやりとりもできます。教室にいるような状況に近い授業ができます。二つめは，たとえば，理科の実験などの授業の動画を配信しますので，それをいつでも見ることができます。三つめは，学校のホームページで学習課題を公開しますから，それを見たりダウンロードしたりして学習を進める方法です。

　もちろん，登校日も設けますので，学校での授業とオンライン授業との両方を活用して，子どもたちの学力を伸ばしていけるように努力して参ります。

　なお，ご家庭でICT環境が整わない場合には，学校のタブレットやパソコンなどを活用またはお貸しすることも考えています。

説明・メッセージのポイント・留意点

1．オンライン授業実施の必要性について

　新型コロナウィルス対応では，感染防止のために飛沫感染や3密を避けなければならない。そのために，教室での学級単位での全員一斉の対面型授業の全教科にわたる全面実施は困難な状況にある。そこで，有効となるのがオンライン授業である。

2．オンライン授業の方法について

　オンライン授業の方法は一つではない。自校で可能な方法について具体的に説明する。

3．家庭への協力依頼について

　家庭の端末やWiFi環境などを活用させていただく。子どもたちの学力向上のために協力していただけるように丁寧に説明することが必要である。

4．配慮事項について

　オンライン授業を実施するにあたり，家庭によっては端末やWiFiなど通信環境がない場合もある。教育委員会と連携して，校内のタブレットやパソコンの貸し出し，学校で作製した動画DVDの貸し出し，プリント類の配布などの配慮を行う必要があり，それについても説明することが重要である。

新型コロナウイルスへの対応・説明

オンライン授業による格差

元全日本中学校長会会長　**伊藤　俊典**

Q11　オンライン授業を進めるために，教育委員会よりパソコンあるいはタブレット端末が貸し出されるようになりそうですが，すでに，オンライン授業を導入している私立との格差，あるいは，学習塾でオンライン授業を行っている地域との格差について，校長として，児童・生徒，保護者にどのように説明しますか。

説明・メッセージ実例

　新型コロナウィルスの感染防止に向けて，本校では3月初旬から臨時休業をしてまいりました。この間，学習については学校で作成したプリントや設定した学習課題を各家庭で取り組んでいただき，それを回収して確認して返すという方法を中心にやってまいりました。

　また，各学年や教科担当から学習に役立つ動画を作成して学校のホームページから視聴できるようにもしてまいりました。そして，教育委員会が独自に学習コンテンツを配信しており，その視聴も促してきたところです。さらには，テレビの学習番組も紹介してきました。

　こうした学習への取り組みに加えて，このたび教育委員会の方針として，区内全校においてオンライン授業を実施することといたします。もちろん，ご家庭において端末やWiFi環境が不足していることは，先般ご協力いただいた調査において承知しております。その場合は，教育委員会からのパソコンやタブレットの貸し出しも可能となっております。

　さて，3月からの臨時休業からは約4カ月間，4月の新学期からは約3カ月間が経過し，本当に本年度の学年の学習は終わるのだろうか？学校の授業内容を削らないと終わらないのでは？オンライン授業を臨時休業後すぐに始めた私立や学習塾に通っている子どもたちと比べて格差があるのではない

か？などの心配をされている保護者がいらっしゃることと思います。

　本校では，あらゆる手段を活用して，こうした格差をなくすように全力を尽くして取り組んでまいりますのでご安心ください。

　方法としては，来年３月までの教育課程を見直し，授業時数を最大限に確保します。具体的には，夏季休業・冬季休業の短縮，土曜授業日の増加，学校行事の精選と中止・実施時期の変更，登校日の時程の変更を考えています。

　次に，オンライン授業を開始して，学校での学習の補完を行います。とくに，学校では学校でしかできない学習活動への重点化を行い，それ以外はオンライン授業でも実施できるように指導計画を立て直しました。

　とくに，中学校３年生は，入試も控え，学力形成と入試への準備は喫緊の課題と受け止めており，学校での指導とオンライン授業，全体指導と個別指導を適宜使い分けて，入試に必要な学力を必ず身に付けさせて参ります。また，オンライン授業のシステムを使っての進路相談も充実させて参ります。

■ 説明・メッセージのポイント・留意点

１．臨時休業中の学校の取り組みの説明

　学校はオンライン授業をしなくても，学校の持てる ICT 機能やマンパワーを最大限に生かして学力向上に努力してきた取り組みを示す。

２．オンライン授業開始のお知らせ

　教育委員会の施策のもとに，オンライン授業を開始することを示し，より一層学力向上に努力することを伝える。

３．私立や学習塾との学習の格差について

　諸条件が整っていてオンライン授業などを先行的に実施した教育機関があることは確かなので格差に対する不安を真摯に受け止める。そのうえで，格差是正に全力で取り組む決意を明確に述べる。

４．格差是正に向けての今後の学習の取り組みについて

　格差是正に向けての具体的方策を説明し，不安を取り除き，学校のこれからの教育活動に期待感を抱かせるようにする。

　具体的方策としては，教育課程を全面的に見直しての授業時数の確保，オンライン授業を実施しての学力向上の取り組み，中学校３年生への学習指導と進路指導の取り組みについて丁寧に説明することが大切である。

新型コロナウイルスへの対応・説明

カリキュラム・マネジメント

元全日本中学校長会会長　**伊藤　俊典**

Q12　新教育課程実施の年に入ってすぐにコロナウィルス感染防止の
ため臨時休業が続いたため，年間カリキュラムを予定どおり終えるこ
とができなくなりました。このことへの対応について，副校長として，
児童・生徒，保護者にどのように説明しますか。

説明・メッセージ実例

　新学期が始まってから約3カ月が過ぎました。新型コロナウィルスの感染
防止に向けて，4月・5月の2カ月間臨時休業をし，6月に入ってから分散
登校を開始し，徐々に学校生活の歯車が動き出してまいりました。臨時休業
中は，学習については学校で作成したプリントや設定した学習課題を家庭で
取り組み，それを回収・確認して返すという方法をやっていました。

　また，各学年や教科担当から学習に役立つ動画を作成して学校のホームペ
ージから視聴できるようにもしてまいりました。そして，教育委員会が独自
に学習コンテンツを配信しており，その視聴も促してきたところです。さら
には，テレビの学習番組も紹介してきました。

　しかし，このままだと，本年度の年間カリキュラムを予定どおり全て終え
ることはできません。そこで，年間カリキュラムを本年度中に終えるために，
本校では休業中に全教職員で年間カリキュラムや各教科の指導計画・評価計
画を抜本的に編成し直しました。新カリキュラムに基づいて次の取り組みを
いたします。新カリキュラムについてはお手元の資料をご覧ください。

　取り組みの一つめは，一番大切な授業時数の確保です。休業中に失った授
業時間を何とかして全て確保します。具体的には，夏季休業と冬季休業を短
縮して授業日を増やします。暑い夏，寒い冬ですが，その季節に適した学習
内容を配置します。次に，土曜授業日を増やします。これまでは月2回でし

たが，月3回行います。時程も見直し，毎日6校時まで授業を実施します。

　二つめは，学習活動の重点化です。国の方針としても定められていますが，学校でしかできない学習活動を洗い出し，学校で重点的に指導を行います。そのため，学校行事は，精選や縮小，内容の変更，本年度内の時期変更，来年度への延期，中止，準備期間の縮減を行い，授業以外の時数を減らします。

　三つめは，オンライン授業の実施です。本区では全校でオンライン授業を実施できるようになりますので，オンライン授業も活用し，学習を充実できるようにします。家庭で端末やWiFi環境が整っていない場合は，教育委員会から貸し出しもできますので，安心していただきたいと思います。オンライン授業では，個人でも実施可能な学習活動の一部を家庭で行えるようにしたいと考えます。定着が不十分な生徒には，個別に丁寧にケアして参ります。

　以上の取り組みによってカリキュラムの完全実施を図っていきますので，ご理解とご協力をお願いいたします。

説明・メッセージのポイント・留意点

1．臨時休業中の学習への取り組みについて

　臨時休業中の学習の取り組みについて，ねらい，方法，成果などを説明し，けっして無駄な時間ではなかったことを説明する。

2．年間カリキュラム完全実施への不安について

　今年度中に指導を終え，子どもたちに身に付けさせるべき学力を身につけさせることができるのかという保護者の不安を真摯に受け止める。

3．年間カリキュラム完全実施への取り組みについて

　不安を受け止めながらも，休業中に計画していた年間カリキュラム完全実施の方策を具体的に説明し，不安を払拭する。

　具体策としては，感染防止に配慮した登校日の設定，長期休業中の授業の実施，土曜日の活用，時間割編成の工夫，学校行事の重点化や準備期間の縮減，オンライン授業の実施による授業の補完などが考えられる。自治体の方針や学校の環境などによってさまざまな工夫ができる。

4．家庭への協力依頼について

　学校だけで学力向上を図ることはできない。オンライン授業への協力など家庭学習の推進に向けての保護者の理解と支援を依頼する。

感染症への対応・説明

インフルエンザによる学級閉鎖

東京学芸大学教職大学院教授 **渡邉　正樹**

> *Q13* インフルエンザが学級に蔓延し，学級閉鎖を余儀なくされました。児童・生徒，保護者に対して，今後の対応について，校長としてどのように説明したらよいでしょうか。

説明・メッセージ実例

●児童・生徒向け

　皆さんも知ってのとおり，今，校内ではインフルエンザが流行しています。皆さんの学級にも欠席者が何人も出ています。そのため，○年○組は明日から□月□日まで学級閉鎖となります。

　お休みの間のことについて皆さんに連絡します。今は学校だけではなく，様々な場所でインフルエンザが広がっていますので，休み中は外出することは控えて下さい。普段の生活では，手洗いをしっかり行い，生活習慣も学校がある時と同じように，生活リズムを守って下さい。もし体調が悪いことがわかったならば，早めに医療機関を受診して下さい。

●保護者向け

　本日，○年○組では，明日から□月□日までインフルエンザの蔓延のため学級閉鎖となります。学級閉鎖は学校保健安全法に基づいて実施されます（必要に応じて学級閉鎖を判断するまでの，欠席者の状況を説明）。

　今後のことについてお知らせします。休業中は感染予防のため，お子さんの外出はできるだけ控えて下さい。手洗いの励行はもちろんのこと，普段の生活リズムを守り，食事や睡眠をしっかりとってください。

　もしお子さんの具合が悪くなった場合は早めに医療機関を受診して下さい。インフルエンザに感染していることが分かった場合は，学校保健安全法施行規則により，発症後5日が経過し，解熱後2日経過しなければ登校できませ

ん。抗ウイルス剤によって早めに解熱しても感染力は残りますので，発症後5日は出席停止となります。インフルエンザは飛沫や接触によって感染しますので，家庭内でマスクを着用し，他の家族への感染予防をして下さい。

■ 説明・メッセージのポイント・留意点

インフルエンザは普通の風邪とは異なり，38℃以上の発熱の他，頭痛，関節痛，筋肉痛のような全身症状が現れる。肺炎，脳症，中耳炎などの合併症も起こる可能性があるため注意が必要である。

毎年11月頃から3月頃までが流行期間であるが，2009年の新型インフルエンザ（H1N1）も夏をまたぎ流行した。冬以外は流行しないわけではない。

学級閉鎖，学校閉鎖など臨時休校については，学校保健安全法20条「学校の設置者は，感染症の予防上必要があるときは，臨時に，学校の全部又は一部の休業を行うことができる」の規定によって行われる。なお，個々の感染者の出席停止期間については，学校保健安全法施行規則19条により「インフルエンザにあっては，発症した後5日を経過し，かつ，解熱した後2日（幼児にあつては，3日）を経過するまで」となっている。しかし，学級閉鎖を行う基準や期間については学校保健安全法には規定がなく，学校設置者によって異なる。たとえば，東京都は次のような基準を設けている。
「学級閉鎖は，当該学級の児童・生徒のおおむね10％以上がインフルエンザ様疾患で欠席した場合に検討し，休業期間は4日間を原則とする。」

学級閉鎖を決定するのは設置者である。公立学校は教育委員会に確認する。

もし発症した場合は説明例で示した内容どおりで対応するが，近年，危惧されているのは，抗インフルエンザウイルス薬使服用後に現れる可能性がある異常行動である。この点について，厚生労働省は次の説明をしている。
「インフルエンザにかかった際は，抗インフルエンザウイルス薬の服用の有無や種類にかかわらず，異常行動が報告されています。インフルエンザにかかり，自宅で療養する場合は，抗インフルエンザウイルス薬の服用の有無や種類によらず，少なくとも発熱から2日間は，保護者等は転落等の事故に対する防止対策を講じて下さい。なお，転落等の事故に至るおそれのある重度の異常行動については，就学以降の小児・未成年者の男性で報告が多いこと，発熱から2日間以内に発現することが多いことが知られています。」

感染症への対応・説明

ノロウイルスの集団感染

東京学芸大学教職大学院教授　**渡邉　正樹**

Q14 ノロウイルス，ロタウイルスによる集団感染が発生しました。児童・生徒，保護者に対して，養護教諭としてどのように説明したらよいでしょうか。

説明・メッセージ実例

●**児童・生徒向け**（ノロウイルス感染症を例として）

　学校でノロウイルスによる感染症が複数発生しています。ノロウイルスに感染すると吐き気や嘔吐のほか，下痢，腹痛のような胃腸炎の症状が現れます。ノロウイルスは食べ物を介した感染，すなわち，食中毒として起こる場合と，感染者の嘔吐物や便よりうつる場合があります。もし誰かが嘔吐したら，絶対に触れないようにして，先生に連絡して下さい。また，自分の具合が悪い場合も必ず連絡して下さい。

●**保護者向け**（ノロウイルス感染症を前提とした例）

　学校でノロウイルスによる感染が広がっています。ノロウイルスに感染すると，嘔吐，下痢，腹痛のような胃腸炎の症状が現れます。お子さんにこのような胃腸炎症状がある場合には，早めに医療機関を受診し，無理に登校させないよう配慮をお願い致します。

　厚生労働省によると，ノロウイルスは次のような感染経路があります。

(1)　患者のノロウイルスが大量に含まれるふん便や吐ぶつから人の手などを介した二次感染。

(2)　家庭や共同生活施設などヒト同士の接触する機会が多いところでヒトからヒトへ飛沫感染等直接感染。

(3)　食品取扱者が感染しており，その者を介して汚染した食品を食べた場合。

(4)　汚染されていた二枚貝を，生あるいは十分に加熱調理せず食べた場合。

(5)　ノロウイルスに汚染の井戸水や簡易水道を消毒不十分で摂取した場合

（厚生労働省　ノロウイルスに関するＱ＆Ａ，2018）

　ノロウイルスは感染力が強く，嘔吐物・下痢便から容易に感染が広まります。もし家庭内でノロウイルスの患者が出た場合，次の点に注意して下さい。

●患者の使用したものを消毒する

　患者の使用したトイレの便座，便座の蓋，トイレのドアノブや水道の栓はもちろん，嘔吐物や大便で汚れた服やシーツも消毒して下さい。その際，ノロウイルスにはアルコール消毒は効果がないとされており，確実に消毒するには次亜塩素酸ナトリウムなどの消毒薬を使う必要があります。

　家族の方は手指から感染することが多いので，石鹸で丁寧に手洗いします。

　なお，ノロウイルスは食品から食中毒として広がる可能性もあります。とくにノロウイルスに汚染された二枚貝が原因食品として知られています。十分に加熱調理すれば問題ありませんが，生の二枚貝が食器や他の食品に触れないように注意して下さい。

説明・メッセージのポイント・留意点

　ノロウイルスの感染力が強いことは上記のとおりであるが，嘔吐物が放置されて乾燥し，それらが空気中を漂い，そばを通った人が感染するという事例もあり，十分に注意することが必要である。また，予防ワクチンや対処療法以外の治療法はなく，脱水症状も起こりやすい。下痢をした場合は，安易に下痢止めを使用すると，回復が遅れるとされている。

　学校では，児童・生徒が嘔吐した場合に備え対処キット（次亜塩素酸ナトリウム液，手袋・マスク・ビニール袋などを袋にまとめておく）を複数用意して，すぐに使えるようにしておくと，感染を防ぐことにもつながる。

　ロタウイルスについても触れておく。ロタウイルスはノロウイルス同様に急性の胃腸炎を引き起こすが，乳幼児期にかかりやすい。症状は下痢，吐き気，嘔吐，発熱，腹痛であり，初感染の乳幼児は症状が重くなりやすい。とくに，嘔吐，下痢による脱水を防ぐことが重要である。

　感染については便にふれた手指から移ることが多いので，手洗いの徹底が重要である。嘔吐物や便がついた衣服などを扱うときはビニール手袋を使用し，ノロウイルス同様に次亜塩素酸ナトリウム液で消毒するとよい。

感染症の予防

東京学芸大学教職大学院教授　**渡邉　正樹**

Q15　RSウイルス，アデノウイルスなどの流行がみられる場合，養
護教諭として児童・生徒，保護者にどのようなメッセージを送ったら
よいでしょうか。

説明・メッセージ実例

●**児童・生徒向け**（アデノウイルスを例として）

　今月に入り，咽頭結膜熱にかかる人が増えてきました。この病気はプール
熱とも言われます。かつてプールの水で感染することが多かったのでこのよ
うな名前がついていますが，現在はプールの水を適切に塩素で消毒していま
すのでうつることは少なくなりました。むしろ，ドアノブや階段の手すりな
ど多くの人が利用するものを通じて感染することが多いので，普段の手洗い
がとても大事です。また，同じタオルを他の人と使うのを避けましょう。

　もし咽頭結膜熱にかかると発熱やどの痛み，また真っ赤に充血して目やに
が出ることがあります。とても感染力が強いので，症状がなくなって2日た
つまでは学校を休むことになります。

●**保護者向け**（アデノウイルスを例として）

　今月に入り，咽頭結膜熱にかかる人が増えてきました。咽頭結膜熱はプー
ル熱と言われることがあるように，かつてはプールの水を介して感染するこ
との多い病気でした。現在はプールの水を適切に塩素処理していますので，
プールでの感染はほとんどありません。むしろ，多くの人が共通して使用す
る備品や施設などを介して感染することが多いので，日頃の手洗いがとても
重要です。家庭で感染者が出た場合はタオルや枕カバーなどを介して感染す
ることがありますので，感染者と共用することは避けましょう。

　咽頭結膜熱は，学校保健安全法で出席停止の対象となっている病気です。

もし感染がわかったら，医療機関での指示を守り，主要な症状が消失して2日経過するまで登校できません。

　なお，咽頭結膜熱はアデノウイルスという病原体によって起こる病気ですが，同じくアデノウイルスが原因となる病気に流行性角結膜炎（はやり目）があります。こちらは発熱することはあまりありませんが，目やにや充血のほか，痛みや腫れが出ることもあります。流行性角結膜炎もやはり出席停止の対象となります。感染のおそれがなくなるまでは登校できません。

　アデノウイルスはとても感染力が強く，ウイルスの型も多いので何度も感染することがあります。感染者が出た場合は，手洗いはもちろん，身の回りの物を適宜消毒するなど，感染をひろげないための注意が大切です。

説明・メッセージのポイント・留意点

　アデノウイルスが原因となる病気は，前述の咽頭結膜熱，流行性角結膜炎以外にも，呼吸器感染症，胃腸炎，出血性膀胱炎など数多くあり，重度の肺炎を発症することもある。アデノウイルスは50種類以上の型があり，咽頭結膜熱と流行性角結膜炎の原因となる型は別である。したがって，何度も感染する可能性がある。

　アデノウイルスは感染力が強いために，とくに学校の宿泊行事などで感染がひろがりやすい。宿泊行事で枕やシーツを共用したりすることが，感染をひろげるきっかけとなる。また，ドアや机などを介してうつることもある。

　アデノウイルスに感染していることがわかった場合は，学校保健安全法により出席停止となるが，発症前から感染力があるので対応が非常にむずかしい。

　ところで，本稿のもう一つの感染症であるRSウイルス感染症であるが，学齢期に多くみられるアデノウイルスによる感染症に対して，RSウイルス感染症は特に乳幼児期（主に0歳，1歳）に重度の呼吸器症状が現れる。RSウイルス感染症は飛沫感染，接触感染によってうつる病気であり，感染して2〜8日程度で発熱などの症状が現れるが，咳がひどくなり，肺炎に進展していくこともある。飛沫感染，接触感染を避けるためには，マスクの着用や手洗いの励行が効果的である。前述のように，とくに乳幼児への感染を防止するため，保育所・幼稚園での対策が重要となる。

感染症への対応・説明

食中毒の予防

東京学芸大学教職大学院教授　**渡邉　正樹**

Q16 近隣の地域でO-157による食中毒が発生するなか，学校として
の対応について，養護教諭として保護者にどのように説明しますか。

説明・メッセージ実例

　ご存じのように，近隣のA市の飲食店で腸管出血性大腸菌O-157による集
団感染が発生しました。O-157は，井戸水や牛肉をはじめとする肉類のほか，
生鮮野菜など様々な食品を介して感染します。過去には動物との接触で感染
した例もあります。保護者の皆さんにおかれましては，ご家庭において次の
予防対策（食中毒予防の3原則）を行っていただくようお願い申し上げます。

1．菌をつけない

　細菌を食品や調理器具につけないことです。常に手や調理器具を清潔に保
つことが大切です。また，菌のついている食品によって他の食品が汚染され
ることを防ぐため，使用した包丁やまな板は頻繁に水洗いして，乾かします。
また，調理前の食材と料理後の食品をつけないように注意しましょう。

2．菌を増やさない

　O-157に限りませんが，食中毒の原因となる菌を増やさないためには，低
温で保存する必要があります。調理した食品をすぐに食べる予定がない場合
は，室温で送ることを避け，冷蔵庫で保管し，早めに食べるようにします。

3．殺菌する

　食品はできるだけ加熱調理するようにしましょう。また，料理器具も随時
熱湯消毒します。O-157は，75℃以上の温度で1分以上加熱すると死滅しま
す。75℃以上になる食洗器を使用し食器を洗い乾燥させることは効果的です。

　もしO-157に感染すると，激しい腹痛と水溶性の下痢があり，時に血便も
みられます。溶血性尿毒症症候群（HUS）という重い症状が現れることも

あり，早く医療機関を受診して下さい。O-157 など腸管出血性大腸菌感染症の場合，医師が感染のおそれがないと認められるまで出席停止となります。

　もし家庭内で患者が出た場合は，家庭内での感染をひろげないため，次のことを守ってください（厚生労働省の腸管出血性大腸菌Ｑ＆Ａより抜粋）。

●水洗トイレの取っ手やドアのノブなど，菌に汚染されやすい場所を逆性石鹸や消毒用アルコールなどを使って消毒します。

●患者本人は，調理や食事の前及び用便後に流水（汲み置きでない水）で十分に手を洗い，逆性石鹸や消毒用アルコールで消毒します。

●家族も食事前などは十分に手を洗います。

●患者の便で汚れた下着は，薬品などの消毒（つけおき）をしてから，家族のものとは別に洗濯する。また，煮沸をしても十分な消毒効果があります。

●患者はできるだけ浴槽につからず，シャワー又はかけ湯を使います。

●患者が風呂を使用する場合は他の家族と一緒に入ることは避け，乳幼児は患者の後に入浴しないように気をつけます。風呂の水は毎日替えて下さい。

　O-157 による感染症は時に人の命を奪う危険性がありますが，皆さんが十分注意することで感染のリスクを下げることが可能です。

説明・メッセージのポイント・留意点

　学校給食に起因するO-157による感染症として，1996年に大阪府堺市で9,000人を超える患者・有症状者を出し，死者も出た集団食中毒（O-157堺市学童集団下痢症）が知られている。患者・有症状者の多くが市内の児童・生徒と教職員であった。給食で使用された食材が広範囲に汚染されていたと考えられている。学校給食以外では，ほとんどが飲食店で発生している。2019年には同系列の複数の焼き肉店で患者が発生している。しかし，潜伏期間が比較的長いことや食肉以外のものが汚染されていることもあり，原因食材を特定することがむずかしい。

　予防は，通常の食中毒予防で対応できる。75℃以上の温度で1分以上加熱すると菌は死滅するので，加熱は非常に効果的である。ただし，加熱しても汚染された食材につけてしまうと意味がないので注意が必要である。

　なおO-157は細菌そのものよりも，O-157が出す毒力の強いベロ毒素が，重い症状（溶血性尿毒症症候群）を引き起こすことが知られている。

不審者出現への対応・説明

不審者情報と対応

鳴門教育大学大学院特命教授　**阪根　健二**

Q17 　近隣での不審者情報がありますが，学校の対応につき，校長と
　して，保護者にどのように説明しますか。

■ 説明・メッセージ実例 ■

　本日，本校周辺で，不審者情報が寄せられました。現時点では，本校を含
め周辺学校の児童・生徒への直接の被害報告はありませんが，子どもたちの
安全を考えまして，詳細についてご連絡いたします。なお，別途の不審者に
関わる情報をお持ちの方は，学校までご一報ください。

（不審者情報の詳細）

１．不審者出現の日時　○月○日（曜日）○○時頃

２．不審者の特徴　身長は○○くらいで，服装は○○……。

３．どういった行為を行っていたのか

　緊急の対応として，不審者情報の通報を受け，直ちに職員を派遣するとと
もに，警察に通報いたしましたが，不審者の発見には至っておりません。そ
のため，明日以降の登下校につきましては，職員及び地域見守り隊，そして，
警察等関係機関の方々の協力を得て，通学路で見守り活動を行う予定です。
しかしながら，校区すべてに対応することができませんので，保護者の皆様
にも特段のご配慮をお願いしたいと存じます。

　なお，不審者を発見された場合は，個別の対応には危険が伴う場合があり
ますので，その場に留まらず，警察及び学校までご一報ください。その際に
は，周辺に居合わせた子どもたちへの退避の声がけも併せてお願い申し上げ
ます。

　さて，昨今の不審者情報については，○月○件，○月○件と，毎月数件の
情報が寄せられています。それによりますと，本校周辺での通報は多く，警

察や育成センターも重点警戒地域として，巡回を行っております。

　また，学校では不審者に遭遇した場合にどう対応したらよいのか，警察の方に協力いただき「防犯教室」を実施し，子どもたちに直接指導をしております。以下のような内容を指導しておりますので，ご家庭でもお子様にご指導いただければ幸いです。

　（指導した内容：例として「回避行動について」）

１．車から声をかけられた場合は，距離を置く，ドアをはさむ

２．車で追いかけられた場合は，直角に進路をかえるなど，車の進行方向には走らない

３．襲われそうになった場合は，子どもSOSに駆け込む，声をあげて助けを呼ぶ

４．被害にあわないため，出来る限り一人にならないようにする。危険な場所を知っておくことや，緊急の連絡先を控えておく

説明・メッセージのポイント・留意点

　不審者情報が寄せられた場合，こうした情報は子どもたちの安全確保のために，出来る限り早く保護者に伝えないといけない。その場合，具体性が必要であり，出現場所や不審者の特徴などを知らせることで，被害を防ぐだけでなく，別途の情報を得られる。

　不審者情報においては，単に危険だけを知らせることに終始することなく，安心感も与えないと，無用な混乱を生じさせることもある。そのため，学校が実施した緊急の対応について説明し，その結果も伝え，併せて今後の動きなどを説明しておきたい。この場合も，具体性が必要であり，児童・生徒に指導した内容を伝えておくと，家庭でも対応できるものと考えられる。

　なお，不審者情報は学校単位で終わらせるのではなく，近隣学校とも連携しておきたい。昨今は保護者間のSNSなどで，各校の対応や連携などを意識する保護者も増えている。

不審者侵入への対応

鳴門教育大学大学院特命教授　**阪根　健二**

> *Q18*　学校への不審者侵入がありましたが，生徒を避難させ，教員が協力して不審者を捕らえ警察に通報し，不審者は逮捕されました。校長として，保護者にどのように説明しますか。

説明・メッセージ実例

　本日，本校に不審者が侵入するという事件が発生いたしました。幸い，不審者は警察に現行犯逮捕され，生徒及び教職員に被害はありませんでした。保護者の皆様には大変ご心配をおかけいたしました。不審者侵入時には，直ちに生徒を避難させ，教職員が一体となって安全を確保することができました。これも，日頃の不審者対応避難訓練の成果だと考えております。ただ，校内への侵入を許してしまったことには反省点もあり，今般の事件の詳細につきまして保護者の皆様にお知らせするとともに，再発防止に取り組んでまいりたいと存じます。

（不審者侵入の詳細）

1．不審者出現の日時　○月○日（曜日）○○時頃

2．事件の概要　○○から校内に侵入し……

3．対応の概要　不審者を発見し，直ちに生徒を○○に避難させ，警察に通報するとともに，……

　今回の対応では，○○から不審者が侵入したものと思われ，○○によって不審者を発見後，緊急の通報を受け，直ちに応援の職員を該当場所に派遣し，警察に通報いたしました。今般は，教職員の素早い対応によって，被害を出すことなく，不審者の逮捕に至ったものと思われます。今後につきましては，類似の事案も想定されますので，侵入経路についての安全管理及び校舎内外の見守りなど，職員及び地域の方々，そして，警察等関係機関で実施する予

定です。また，生徒の心のケアのため，教育委員会にスクール・カウンセラーの派遣を要請しているところであり，保護者の皆様におかれましても，お子様に不安を抱かせないよう，冷静な対応について特段のご配慮をお願いいたしたいと存じます。

　なお，今後，学校周辺で不審者を発見した場合は，個別対応には危険が伴う場合がありますので，警察及び学校までご一報下さい。

説明・メッセージのポイント・留意点

　2001年に発生した大阪教育大学附属池田小学校児童殺傷事件は，今なお暗い影を落としている。また，学校における不審者侵入事件は現在でも発生しており，いずれも子どもたちの生命にかかわる可能性がある重大事案であり，軽々には扱えない。

　こうした事件が自校で発生した場合，その日のうちに報道される可能性が高いため，早急に保護者を含め，正確な情報を伝える必要がある。また，こうした事件は不確実な情報や噂が広まることもあり，情報もやや誇張されて伝わることもあるため，学校の安全管理について，批判的な意見も寄せられるものと予測しておきたい。その点で情報管理に細心の注意を払い，正確な情報を伝達することが求められる。対応のポイントは以下のとおりであり，保護者の不安を取り除くことが，情報発信で最も重要であると考えられる。

1．安心という視点を意識して，安全を確保したという事実を正確に伝える。そのうえで，心配をかけたあるいは侵入を許したという反省点も表明しておくことも必要であろう。

2．安全管理については，具体的な方策について知らせておき，再発防止を念頭に取り組んでいることを強調しておく。

3．子どもの心理的な影響の大きさを意識して，教育委員会にスクール・カウンセラーの派遣等を要請しているなど，子どもの心のケアについて配慮していることを伝える。

4．保護者間の情報の伝達はSNSなどで広まっており，間違った情報が伝播している場合もある。この場合，正確な情報を伝えながら，間違った情報をきちんと修正する必要がある。

下校時の不審者対応

鳴門教育大学大学院特命教授　**阪根　健二**

Q19　下校時に不審者が児童につきまとい，危うく誘拐されそうになるという事件が発生しました。教頭として，保護者にどのように説明しますか。

説明・メッセージ実例

　本日下校中に，本校児童が不審者につきまとわれ，誘拐されそうになるという事件が発生しました。当該児童は機転を利かせ，被害はありませんでしたが，不審者は現在も逃走しており，重大事案として，現在，学校長が教育委員会及び警察等関係機関に状況を報告し，今後の対応について協議を行っているところです。そこで，明日以降の登下校やお子様の安全を考えまして，詳細についてご報告いたしますとともに，もし不審者の情報をお持ちの方は，学校までご一報ください。

（不審者の特徴と事案の詳細）

1．不審者出現の日時　　○月○日（曜日）○○時頃
2．不審者の特徴　　身長は○○くらいで，服装は○○……。
3．どういった行為を行っていたのか（子どもに声をかけ，手を引っ張った……等）

　緊急の対応として，不審者の通報について校長に報告後，直ちに職員を当該場所に派遣するとともに，警察に通報いたしましたが，不審者の発見には至っておりません。そのため，明日の登下校につきましては，職員及び地域見守り隊，そして，警察等関係機関が，通学路で巡視活動を行う予定です。保護者の皆様にも児童の送迎等にご協力をお願いしたいと存じます。

　なお，不審者を発見された場合は，個別の対応には危険が伴う場合がありますので，その場を離れ，警察及び学校までご一報ください。その際には，

周辺に居合わせた子どもへの退避の声がけもお願いしたいと存じます。

　昨今の不審者情報については，○月○件，○月○件と，毎月数件の情報が寄せられています。それによりますと，本校周辺での通報は多く，警察や育成センターも重点警戒地域として，巡回を実施しております。なお，学校長から，全職員に安全指導の徹底について指示されており，子どもたちの安全確保に全力を挙げております。

説明・メッセージのポイント・留意点

　下校中に不審者による誘拐未遂事件が発生した場合，子どもたちの安全確保のために，緊急に保護者に伝える必要がある。とくに，翌日の登下校については緊急の対応が必要であり，教頭としては，実務的な点について，情報提供や依頼等を行うことが欠かせない。

　情報提供にあたっては，誘拐されそうになった児童に対する噂などが懸念されるため，当該児童の個人情報には特段の配慮が必要である。ここでは，不審者の情報を主に伝えるべきであり，具体性が必要である。不審者の出現場所や特徴などを知らせておくことで，被害を防ぐだけでなく，別途の情報を得られることがあると考えるべきだろう。

　不審者情報においては，単に危険だけを知らせることに終始することなく，安心感も与えないと，無用な混乱を生じさせることもある。そのため，学校が実施した緊急の対応について説明しておき，併せて今後の動きなどを説明しておきたい。この場合は，校長の指示を受けて対応している立場として，具体的な表現が必要であり，児童に指導した内容も含めて伝えておくと，家庭でも対応できるものと考えられる。

　なお，こうした情報は，従来の不審者情報と同じように，学校単位で終わらせるのではなく，近隣学校とも連携しておきたい。昨今は保護者間のSNSなどで，各校の対応や連携を意識する保護者も増えており，学校間の対応の違いなどは批判の対象にもなりやすく，教頭はそうした不協和音が発生しないよう，最前線の実務の責任者という意識をもっておくべきだろう。

不審者出現への対応・説明

不審者対応避難訓練

鳴門教育大学大学院特命教授　**阪根　健二**

Q20　不審者の侵入を想定した避難訓練について，校長として，教職員，児童・生徒にどのように説明したらよいでしょうか。

説明・メッセージ実例

　今日の避難訓練では，児童（生徒）全員が不審者から無事避難することができました。また，先生方も適切に誘導ができたと思います。

　「不審者対応避難訓練」とは，不審者が学校に侵入したとき，児童（生徒）全員が怪我なく素早く避難できるようにするための大切な訓練です。皆さんは「こんなことはあり得ない」と思っているかも知れません。しかし，2001年6月に大阪教育大学附属池田小学校で，包丁を持った男が侵入し，子どもや先生を襲った凶悪事件が発生しました。1年生と2年生の児童が8人亡くなり，15人の児童と先生が大怪我をしました。また，近年も不審者が学校に侵入したり，通学路で児童（生徒）が誘拐されそうになったりする事件が起きています。けっして，自分には関係ないと思わないで下さい。

　そこで，次のことを皆さんに伝えたいと思います。

1．不審者が侵入したときには，自分の身をどのように守るか，しっかり考えて行動しましょう。

2．皆さんは，防犯教室などで「い・か・の・お・す・し」を学びました。これは「知らない人についていかない」「他人の車にのらない」「大声を出す」「すぐ逃げる」「何かあったらすぐ知らせる」の5つの言葉の頭文字をとったものです。今回の避難訓練では，特に最後の2つの「す・し」が大切です。

3．不審者はどんな人なのか，何を持っているのか，どこから入ってくるのか分かりません。さまざまな場面を想定してください。

4．そして，先生方の指示に従ってください。先生方も皆さんを全力で守っ
　ていますから，安心して行動してください。

　先生方においては，避難訓練を単なる行事と思わず，実際に起きる可能性
があることと意識して，全力で子どもたちを守って下さい。大切なことは，
不審者を排除するということより，警察が到着するまで，子どもたちの安全
を確保することに専念してください。また，自らの安全も確保して下さい。

説明・メッセージのポイント・留意点

　不審者侵入事件は，現在も全国で発生しており，命の危険を伴うものとし
て考えておかねばならないものである。そのため，「不審者対応避難訓練」
は欠かせない訓練の一つではあるが，現在は授業時数の確保や学校行事の過
密化もあって，訓練そのものの在り方が課題となっている。「火災（消防）
避難訓練」は，消防法で定められている訓練のため，必ず実施されているが，
年中行事化し，切迫感のない訓練が多いと指摘されている。また，地震・津
波等の「防災避難訓練」もあり，今や訓練が授業を圧迫しているという皮肉
な現象が学校で起きているのである。

　そこで，こうした避難訓練では，校長自らがその意義や意味を，児童・生
徒に語りかけ，内容の充実を図ることが重要であろう。また，子どもたちへ
の説話は教職員に対しても有効な指示となるため，出来る限り切迫感を持っ
て話すべきである。

　ここで気をつけたいことは，避難訓練が子どもたちへの不安や恐怖心を植
え付けないかという点である。こうした訓練においては，単に危険だけを知
らせることに終始することなく，安心感も与えないと，無用な混乱を生じさ
せることもある。そのため，学校が実施した訓練内容は，学校だよりなどで
保護者に説明し，その結果も正確に伝えおきたい。ここでは，児童・生徒に
指導した内容を伝えておくと，家庭でも対応できるものと考えられ，安心感
も与えられる。また，こうした訓練の情報は，近隣学校にも伝えておきたい。
昨今は保護者間のSNSなどで，各校の対応や連携を意識する保護者も増え
ているのである。

いじめ問題への対応

公益社団法人日本教育会専務理事　　常盤　　隆
元東京都中学校長会会長

> *Q21*　いじめが深刻化しているとの複数の保護者からの情報がありま
> した。緊急保護者会で，副校長としてどのように説明しますか。

説明・メッセージ実例

　複数の保護者から，本校でいじめがあり，そのいじめの内容も深刻化して
いるのではないかとの指摘がありました。本校では，日頃から，生徒の生活
において，いじめの問題がないかと目を配り，生徒たちの声を受け止めるよ
う努めています。先日，定期的に実施しているアンケート調査を生徒たちに
実施したところ，いじめを受けていると回答した生徒，そして，いじめを受
けている生徒がいると回答した生徒が複数いることが分かりました。その後，
いじめを受けている生徒の気持ちを受け止め，まずは生徒が相談できる体制
を整え，安心して過ごせる環境づくりを行っています。また，いじめをした
とされる生徒から事実関係を調べ，いじめを受けた生徒の気持ちを考えさせ，
ただちにいじめをやめるよう指導を行いました。今回のいじめの内容は，イ
ンターネットを利用したいじめで，学校の生活のなかのみでは発見しにくい
ものでもありました。今回，定期的に実施している「いじめに関する調査ア
ンケート」の結果，そして，関係の生徒から聞き取りをすることで具体的に
その内容が明らかになりました。同時に，保護者からもいじめが深刻化して
いるのではないかとの情報があるなかで，私たちも慎重に，かつ，きめ細か
く対応することに心がけました。今回起きていることは，インターネット会
員制交流サイト（SNS）を利用したいじめであり，改めてインターネット
の利用に関する指導を重視してまいります。本校では，自分を守り，他者に
迷惑をかけない情報モラルを身に付けさせるための教育を充実させるととも
に，「SNS学校ルール」を定めています。また，誤ったSNSの利用や悪

意ある利用等によるいじめを防ぐため，本校では「ＳＮＳ安全教室」を実施しています。このことを通して，さらに携帯電話やインターネットを利用したいじめへの対策を強化してまいります。さらに，「ＳＮＳ学校ルール」につきましては，ルールを守ることができているか，改善を図る必要がないかなどの検討を行うため，生徒自身がそのルールの見直しを進めていくことを通して，真に意味のあるものにしていくよう指導を行っています。今後も，本校で定めている「いじめ防止対策基本方針」に基づき，いじめの未然防止・早期発見・早期対応に心がけてまいります。そして，生徒自身がいじめの問題について考え，話し合う機会を設け，生徒が主体となったいじめの防止の活動に取り組んでまいります。

説明・メッセージのポイント・留意点

　ここで示した例は，いじめの内容が，インターネット，ＳＮＳを利用してのもので，学校の日常生活のみでは気付きにくいいじめ事象である。もちろん，インターネットやＳＮＳでの誹謗中傷などのいじめの内容がある場合，学校での日常生活を通して浮かび上がることや発見できることはある。しかし，インターネットやＳＮＳ上の書き込みには，およそ日常生活では見えにくい，誹謗中傷があることが多い。そのことから，その書き込みの辛辣な内容を生徒が発見し，保護者に伝え，保護者がその内容を知れば，きわめて深刻ないじめの内容ととらえることはある。ここでは，日頃から行っている「いじめのアンケート調査」からもインターネット，SNSでのいじめが明らかになっているが，同時に複数の保護者もその問題に気付き，深刻な事態になっているとの認識を伝えてくれたものとなっている。保護者が，その事象をどのように受けとめているのかについても分かるきっかけとなっている。このことから，保護者が情報を伝えてくれたことにより，いじめ問題への対応につなげられていることを伝えておきたい。保護者にも，インターネット上の書き込みには不確かな情報があることから，鵜呑みにすることなく，不審に思う内容がある場合は，学校に情報の提供をしてもらうことなども伝えておく。今後も情報モラルの指導について，注意を払っていくことを伝える。

いじめの重大事態への対応

公益社団法人日本教育会専務理事
元東京都中学校長会会長　　**常盤　　隆**

Q22　いじめの重大事態が発生し，いじめ対策協議会が校内に設置されました。校長として保護者に今後の対応についてどのように説明しますか。

　本校でいじめの重大事態が発生し，校内に「いじめ対策協議会」を設置し，現在対応を進めていることについて説明を申し上げます。重大事態につきましては，「いじめ防止対策推進法」に定められています。本校では，いじめは，生徒の心身の健全な成長に重大な影響を及ぼす，人としてけっして許されないものであることから，生徒一人ひとりの変化を見逃さず，保護者・地域・教育委員会と連携を図りながら，組織的に対応を進めています。そのなか，今，いじめがあり，そのいじめにより苦しんでいる生徒がいることから，私たち教員は，その生徒の気持ちを受け止め，守るため，組織的な対応を進めています。しかし，そのなか，生徒の心身に重大な被害が生じたとされる重大事態が発生しました。学校では，関係する保護者と連絡をとるとともに，ただちに教育委員会に報告を行いました。そして，校内にこれまであった「いじめ対応委員会」に第三者の専門家として，スクール・ソーシャルワーカー，精神科の医師を加えた対策組織として「いじめ対策協議会」を設置し，関係機関との連携を進めるとともに組織的に対応するよう努めています。何より，被害を受けている生徒の安全の確保が第一であります。現在，生徒は安全が確保できる場で見守られています。今後は，「いじめ対策協議会」を中心とし，関係する生徒からの聴き取りを行い，事実関係を明らかにする調査を進めてまいります。重大事態に関する事実を明らかにする調査の実施につきましては，「いじめ防止対策推進法」により定められており，また，い

じめの重大事態の調査を行った場合，その結果を当該調査に関係する生徒と保護者に対して適切に提供するものとされています。私たちは，何より被害に遭われた生徒の安全・安心を第一に考え，今後の対応を進めてまいります。保護者の皆様には，ご心配をおかけしていることをお詫び申し上げますとともに，今後の対応で明らかになり，お伝えできる状況になりましたとき，改めて説明をいたします。現在，加害生徒に対して，被害生徒の苦しみや心の痛みに気付かせ，自らの行為の責任について自覚させるよう指導しています。そして，再びいじめを行うことがないよう，人間関係の改善に向けて継続的に指導をしていきます。いじめの問題について，当事者だけの問題にとどめることなく，学校全体の問題として考え，生徒自らが正しい判断をし，適切な行動がとれるよう指導を進めてまいります。

説明・メッセージのポイント・留意点

「重大事態」は「いじめ防止対策推進法」に「いじめにより当該学校に在籍する児童等の生命，心身又は財産に重大な被害が生じた疑いがあると認めるとき」（いじめ防止対策推進法第28条1項1号），「いじめにより，当該学校に在籍する児童等が相当の期間学校を欠席することを余儀なくされている疑いがあると認めるとき」（同法同条同項第2号）とある。「疑い」とは「いじめの存在」か「いじめとの因果関係」について，疑いがあれば重大事態となることを指している。また，「いじめの防止等のための基本的な方針」「いじめの重大事態の調査に関するガイドライン」には重大事態について，「被害児童生徒や保護者から『いじめにより重大な被害が生じたという申し立てがあったとき』を含む」とあることにも留意する必要がある。さらに，「重大事態」への対応については，法等により次の流れが示されている。「①重大事態が発生した旨を当該地方公共団体の長へ報告する，②当該学校の設置者又はその設置する学校の下に組織を設け，当該重大事態に係る事実関係を明確にするための調査を行う，③当該調査に係るいじめを受けた児童等及びその保護者に対し，当該調査に係る重大事態の事実関係等その他の必要な情報を適切に提供する，④調査結果について，当該地方公共団体の長へ報告する」。このことを踏まえ，今後の対応につき説明していくことが肝要である。

いじめ問題への対応・説明

いじめによる危険な事態への対応

公益社団法人日本教育会専務理事　　常盤　　隆
元東京都中学校長会会長

> *Q23*　いじめによる危険な事態が発生しました。校長として保護者に
> 今後の対応についてどのように説明しますか。

説明・メッセージ実例

　本校の生徒の生命の危険にかかわる事態が起き，生徒，保護者の皆様に多大なご心配をおかけしていることにつきまして深くお詫び申し上げます。現在，生徒は，大きな怪我を負い，治療，療養中でありますが，回復に向かっています。心よりお見舞い申し上げますととともに，一日も早い回復をお祈り申し上げます。

　今回のことでは，複数の生徒のかかわりがあり，学校では以前より，本校で起きていることについて，教育委員会に報告をするとともに，校内の「いじめ対策委員会」を中心に組織的に対応を進めてきました。私たちは，今回のことを受け，いじめ防止対策推進法28条に定められている「重大事態」に相当すると判断し，教育委員会に報告を行うとともに，既存の「いじめ対策委員会」にスクールソーシャルワーカー，精神科の医師を加えた「いじめ対策協議会」を校内に設置し，教育委員会，関係機関と連携，対応を進めています。そして，現在，学校では，「いじめ対策協議会」で「重大事態」に関する事実関係を明確にするための「調査」を進めております。「調査」により明らかになった内容につきましては，被害に遭われた生徒と保護者にお伝えをしてまいります。

　今回，生徒の生命にかかわる危険な事態が発生したことで，生徒たちにはさまざまな不安が生じています。生徒のなかには，「私があの時，声をかけ，関わっていれば防げたのではないか」と自分を責めたり，「自分も同じように追いつめられることにならないか」と不安な気持ちを高めたりするなど，

気持ちが不安定になることが見られます。また，身体や行動の面でも，通常との違いが見られることがあります。このような生徒たちの気持ちを受け止め，対応していけるよう，スクールカウンセラーなど複数の心理の専門の方を教育委員会との連携により学校に派遣をしていただいています。生徒の不安な気持ちを受け止め，いつでも相談に応じられるよう学校では組織的に対応を進めていきます。また，ご家庭でご心配なことがありましたら，ためらうことなくご連絡下さい。保護者の方々のご相談にも応じてまいります。これから学校では，再びこのようなことが起きないようにするため，生徒が安全に生活していけるよう，お互いを理解し合う教育を推進してまいります。そして，生徒が自ら，自分たちの生活をより良いものとしていけるよう，生徒たち自身で考え，行動ができる，生徒が主体となった活動の支援をしていきます。

説明・メッセージのポイント・留意点

　生徒の生命にかかわる危険な事態や深刻な事態が発生した際，当該生徒の保護者の了解をとったうえで，どこまでの範囲を話してよいかなどについて確認をしてから進める必要がある。それは，危険な事態の内容が，不確かなまま，憶測により人づてに伝わっていくことをはじめ，携帯メール，インターネット，SNS上で不確かな情報が広がっていくことは，被害に遭った生徒，そして当該生徒の保護者を傷つけることになりかねないからである。そして，不確かな情報については，多くの人の不安を招くことにもなることから，一般の保護者には，説明ができる範囲内で正確な内容を伝えていくことが重要になる。また，生徒たちにどのように伝えたか，または伝えていく予定であるか，その内容も当該の保護者には説明しておく。さらに，発生した事態については，直ちに教育委員会へ報告済みであることを関係の保護者はもとより他の保護者にも伝える。命にかかわることなど，発生した事象の内容によっては，生徒たちの不安な気持ちを抱かせ，心のケアが必要な場合がある。学校では，組織的に生徒の心のケアができるよう教育委員会と連携し，心理の専門家の配置などにより相談に応じられる体制を整えることを伝えていく。再発防止のために教員の指導とともに生徒自身が考え，行動できる取り組みを進めていくことを伝えておきたい。

学校内暴力の問題への対応・説明

子どもの暴力行為への対応

国立音楽大学教授
元全日本中学校長会会長　**榎本　智司**

Q24 　学校内暴力が起こり，問題化しています。その対応について，
校長として，保護者にどのように説明しますか。

説明・メッセージ実例

　昨日放課後，校内で発生した子ども間の暴力行為についての説明と今後の
学校の対応につきお伝えするため緊急保護者会を開催させていただきました。

1．暴力行為の経緯の説明

　まず，今回の暴力行為の経緯を説明いたします。

　昨日昼休みの13時20分頃のことです。3年1組の男子Aが同クラスの男
子Bに対して，3年1組の外の廊下で馬乗りになり，顔を殴っているという
報告が他のクラスの子どもから職員室の教員にありました。

　現場に駆け付けたところ，すでに他の子どもが間に入り2人は引き離され，
Aは教室に入っており，Bは廊下に座り込んでいました。Aにはけがはあり
ませんでしたが，Bは鼻血が出ており，保健室に連れて行ったあと，校医を
受診しましたが，診断の結果，鼻骨骨折で全治2カ月でした。

　今回の経緯ですが，Bはこのところ数回Aからいやがらせを受けており，
今回も，Aはこれまでの延長でBをからかっていたところ，Bが抵抗したた
め，カッとなり手をだしてしまったとのことでした。

　A，Bの保護者には，本日の保護者会の開催を伝え了承を得ましたが，そ
の際ぜひ，匿名でと希望があり，名前は伏せて報告させていただきました。

2．学校の対応の説明

　経緯は以上ですが，今回の暴力行為が多くの子どもの面前で行われ，また，
それを見ていて囃し立てる子どもも少なからずいたことを踏まえ，事態は重
大であると判断しました。昨日，全校の子どもを体育館に集め，事実経過と

暴力行為根絶に向けて改めて指導しました。そのうえで，今回の暴力行為の経緯を正しく保護者の皆様にもお伝えする必要があると考え，お集まりいただきました。なお，教育委員会にも昨日のうちに経緯を伝えたところです。

　まずは，このようなことが校内で発生し，子どもたち，そして，保護者の皆様にご心配，ご迷惑をおかけしましたことに心からお詫び申しあげます。

　この間，本校ではすべての子どもたちの安心・安全を第一に考え，指導をしてきました。しかし，今回，再度指導のあり方を見直す必要性を痛感しています。当面は，子どもたちの不安の解消，安心・安全な生活の確保を行っていきます。また，担任等を中心に子ども一人ひとりとのコミュニケーションの機会を重視し，子どもたちの不安や悩み等にも早急に丁寧に対応します。さらに，学級活動の充実を図り，人間関係づくりに力を入れていきます。

　なお，最後にお願いですが，今回の件について，ＳＮＳ等で発信等はおやめください。子どもたちにも同様の指導をしましたが，是非，よろしくお願いいたします。この後，皆様方からご意見，ご質問等をいただきます。

説明・メッセージのポイント・留意点

(1)　**開催の時期**

　このようなケースでは，できるだけ速やかに緊急保護者会を開催することで，噂の拡散，学校への不信感を払しょくする。

(2)　**加害者や被害者の保護者へ事前連絡**

　匿名で報告を行った場合，加害者や被害者は誰なのかという疑問がわく。また，なぜ，名前を公表しないのかという不信感にもつながる。緊急保護者会の開催前に，加害者や被害者の保護者と連絡をとり，保護者会の開催を伝え，氏名の公表の可否，開催に当たっての要望事項等を確認し，それも踏まえて話す内容を決定する必要がある。

(3)　**質問・意見聴取の時間の設定**

　必ず，このような時間を設定する。暴力行為の概要，学校の対応等の十分な理解をしてもらうことがねらいなので，参加者の疑問や不満を残さないことが大切だからである。厳しい指摘が出る可能性もあるが真摯に対応する。

(4)　**ＳＮＳ等での情報拡散防止**

　会の最後に，ＳＮＳ等で今回の情報等を発信しないよう依頼する。

学校内暴力の問題への対応・説明

生徒の暴力への教師の応戦

常葉大学教授 **堀井　啓幸**

Q25　学校内で，男子生徒が男性教師に殴りかかり，男性教師がナイフで応戦して，生徒がけがをするという事件がありました。緊急保護者会で，校長として，保護者にどのように説明しますか。

説明・メッセージ実例

　今回の事件につきまして，けがを負わせてしまった生徒，ご家族の皆様に深くお詫び申し上げます。また，本校の生徒，保護者，そして，地域住民の皆様に不信感，不安感をいだかせることになってしまいましたことを深くお詫びします。

　事件の概要について，教頭から話させます（教頭には，「ポジションペーパー」をもとに，男子生徒と男性教師について，５Ｗ１Ｈの形で記載した事件の内容と学校の対応，現在，警察の取り調べ中であることなどを匿名で話させた）。私から補足いたします。

　男性教師は，複数の生徒から殴りかかられて恐ろしくなってしまったと話しております。これまで教職員には，空き時間に校内を巡回し，問題が起きたら生徒指導主事や私に迅速に報告するように指導しており，毅然とした姿勢で教職員一体となって対応し，生徒が安心して学べる環境を確保することに努めておりました。しかし，この男性教師が精神的に追い詰められており，ナイフを隠し持っていたことまでは気づきませんでした。警察の対応を待って，男性教師には厳正に対処いたしますが，校長として，生徒，教師に寄り添えず，そういう行為をさせてしまったことの監督責任を痛感しております。

　今回の事件で，生徒，そして，保護者の皆様に学校，教師に対する信頼を損ねてしまいました。生徒には，今回の事件について謝罪するとともに，言葉の暴力も含めて，暴力は絶対にいけないことであるということをクラス担

任からも指導いたしました。荒れる生徒の気持ちの奥底には，教師や生徒仲間に存在を認めてほしいという気持ちもあります。本校すべての教職員がこうした生徒の気持ちに寄り添い，できる限り，話し合いの機会をつくって本音で話し合える学校として生まれ変わる覚悟です。

説明・メッセージのポイント・留意点

　1983（昭和58）年2月に町田市立忠生中学校で中学校3年生が男性教師に殴りかかり，恐怖心をいだいた教師が所持していた果物ナイフで反撃し，生徒に怪我を負わせたという事件があった。「正当防衛」が認められたものの，その後，諭旨免職となった。当時は，全国的に校内暴力が深刻化しており，特に「対教師暴力」が急激に増加するなかで，生徒に恐怖感を抱き，荒れる子どもたちにひるむ教員も少なからず存在した。忠生中学校事件において，当初は，教師がナイフで切りつけて逃げたという行為に批判が集中したが，荒れる子どもたちに学校の教職員一丸となって対応することの重要性が認識されるようになり，警察との積極的な連携によって荒れた子どもたちに対処する必要性も提唱されるようになった。

　2018（平成30）年度文科省「児童生徒の問題行動・不登校等生徒指導上の諸課題に関する調査結果」によれば，暴力行為の発生件数は，小学校36,536件，中学校29,320件，高等学校7,084件であり，増加傾向にある。このうち，「対教師暴力」は9,134件であり，暴力行為が学校の管理下で発生した学校の全学校数に占める割合は35.0％と3校に1校は教師に対する児童・生徒の暴力に対処しなければならない状況にある。刑法36条1項では，正当防衛について「急迫不正の侵害に対して，自己または他人の権利を防衛するため，やむを得ずにした行為は，罰しない」としているので，「力による制止」はある程度許容されるが，ナイフで応戦することは明らかに行き過ぎである。文科省初中局長通知「体罰の禁止及び児童生徒理解に基づく指導の徹底について」（平成25年3月13日）では，生徒指導の充実や出席停止制度の活用，懲戒と体罰の違いなどについて述べている。行き過ぎた対応への謝罪や事件後の生徒の心理的ケアだけでなく，そうした行為に至らせた学校全体の生徒指導体制の問題点や再発防止への具体策を明確に示すことで，生徒本位の生徒指導を充実させていく決意を示したい。

学校内暴力の問題への対応・説明

暴力行為による教師の負傷

常葉大学教授 **堀井　啓幸**

Q26　学校内で，女性教師が男子生徒に刺されるという事件が起こり
ました。校長として，生徒・保護者にどのように説明したらよいです
か。

説明・メッセージ実例

　本校の女性教諭が男子生徒に刺されて重傷を負うという大変不幸な事件が
起こりました。生徒，保護者，地域住民の皆様に不安感をいだかせることに
なってしまいましたことを深くお詫びします。

　まず，事件の概要について，教頭から話させます（教頭には，「ポジショ
ンペーパー」をもとに，男子生徒と女性教師について，５Ｗ１Ｈの形で記載
した事件の概要，現在，警察の取り調べ中であることなどを匿名で話させた）。

　私から補足いたします。男子生徒はこれまで補導歴もなく，学級において
もおとなしい生徒であり，女性教師は教育熱心で一部の生徒から厳しい先生
と言われてもいたようですが，クラスの生徒に慕われている教師です。その
ため，なぜ，男子生徒がこのような行為に及んだのか，「原因についてはも
っか調査中」という一言に尽きます。ただ，男子生徒が直前に保健室で体調
不良を訴えていたという養護教諭の証言もあり，私も含めて本校の教職員が
どこまで生徒の実態や気持ちに寄り添えていたのだろうかと校長として責任
を痛感しております。

　今回の事件で，学校生活に不安を訴える生徒には，教育委員会の協力も得
て，学級担任やスクールカウンセラーによる支援や心理的ケアを行うととも
に，不安に思うことがあれば躊躇なく相談するように伝えております。教師
には生徒の様子を日頃からしっかり観察し，生徒からSOSのサインがあれ
ば，学年の先生方で情報を共有し，生徒が生徒指導主事や養護教諭，スクー

ルカウンセラーに相談しやすい支援体制を構築していきたいと思います。た
とえ問題を起こさなくても，思春期の生徒の気持ちの奥底には，教師や生徒
仲間に存在を認めてほしいという気持ちが強くあります。教師として，学校
全体として，こうした生徒一人ひとりの気持ちに寄り添っていく所存です。
保護者の皆様には，学校の教育活動に関する情報公開だけでなく，学校に気
軽に来ていただけるような機会を設けるように努めてまいります。是非，子
どもたちの様子に気になることがございましたら，気兼ねなく，担任にご連
絡いただきますようご協力をお願いいたします。

説明・メッセージのポイント・留意点

　1998（平成10）年1月に栃木県黒磯市内の中学校において遅れて教室に
入室した生徒が英語の担当教師から注意されたことに逆上して，その教師を
刺し殺すという事件があった。当該生徒が補導歴や問題行動などのない，い
わゆる「おとなしい子」「普通の子」であったことから，当初は，刺殺され
た教師の言動が高圧的であり，「切れやすい」思春期の子どもたちへの配慮
を欠いているなどの批判があった。

　もともと，生徒指導は，学級担任が中心になって行われてきたが，昭和
50年代の学校の荒れ（とくに対教師暴力を中心とした校内暴力）への対応
として，学校全体としての対応が求められるようになった。黒磯市の教師殺
傷事件など平成10年にいわゆる「普通の子」による凶悪な少年事件が多発
した頃から，地域とのネットワーク化による子どもの実態把握，他の児童・
生徒に迷惑をかけてはならないとする方向での厳罰化の指向がみられた。

　（旧）文部省『生徒指導の手引（改訂版）』（1981年10月）では，生徒指
導について，青少年非行等の対策といったいわば消極的な面だけにあるので
はなく，積極的にすべての生徒のそれぞれの人格のより良き発達を目指す
「積極的な生徒指導」に重点がおかれたが，『生徒指導提要』（2010年3月）
でも同様な方向で考えられている。まずは，教育委員会との連携のもとに，
事件による生徒のショックを和らげ，生徒の心に寄り添うための具体的な対
応策を明確にするとともに，学校のピンチを生徒，家庭，地域との信頼関係
を太くするチャンスと捉え，家庭や地域での子どもたちの実態把握も含めた
「積極的な生徒指導」で学校を立て直す姿勢を校長として明確に表明したい。

教職員のセクハラ・パワハラへの対応・説明

女子生徒へのセクハラ

九州大学名誉教授　**八尾坂　修**

Q27　男性教員による女子生徒へのセクハラがありました。校長として，保護者にどのように説明したらよいですか。

説明・メッセージ実例

　この度，本校Ｘ高校におきまして，Ａ教員のＢ子さん（２年生）に行ったセクハラ行為について，本校責任者として，心からお詫び申し上げます。

　Ａ教員からの事情聴取，また，Ｂ子さんのプライバシーが守られることを配慮しつつ複数教員（男・女）によって，Ｂ子さんから聞き取りを行いました。事実関係は以下のとおりでございます。

　Ａ教員は，日頃からコンピュータをよく利用し，一人で夜遅くまで一人でコンピュータ・ルームにこもることがありましたが，2020年１月20日（月）の放課後，そのコンピュータ・ルームを利用して進路指導の相談を行うことになりました。Ａ教員はＢ子さんへの対応の際，異常なくらいに顔面を近づけて話をしたり，また，親近感をもって励ますつもりで，Ｂ子さんの肩や腰に何度も手を触れたりしました。相談時間も，当初決められた時間を大幅に上回るものでした。Ｂ子さんは不快感を抱き始め，早く終わってくれればと思っていたそうです。

　終了後，Ｂ子さんは保健室に立ち寄り，Ｃ養護教諭（女性）に相談したことにより事案が発覚し，Ｃ養護教諭から即刻校長に申し入れがありました。この事実は，担任であるＤ教員にも秘密裏に伝えました。また，教育委員会にも事実関係を報告しております。

　このようなＡ教員の行動は，Ｂ子さんの意に反する性的な行動であってＢ子さんの心を傷つけ，その後の成長に避けがたい影響を与えるものであり，断じて許されるものではありません。

　B子さんには，今後，信頼を置く教職員が中心となって複数体制でケアを図りつつ，状況によってはスクール・カウンセラーとの連携を進めたいと考えております。B子さんがますます傷ついてしまうというような新たな二次被害を防ぐため，プライバシーの保護に十全に意を払うようにいたします。何かご要望等がございましたら，是非お申し付け下さい。よろしくお願いいたします。A教員からは，B子さんの状況に配慮し謝罪に伺わせます。

　X高校では，今後このような事態を生じさせないよう校内教職員一丸となってセクハラ防止に努めることをお誓い申し上げます。以下の観点について，認識を深めてまいります。

1．親しさを表すつもりの言動であったとしても，言動を行った教職員本人の意図とは関係なく，生徒を不快にさせる場合がある，という認識です。

2．"この程度のことは生徒も許容するだろう"とか，"生徒との良好な人間関係ができている"という勝手な思い込みはしない，という認識です。

3．セクハラであるか否かについて，生徒の方からいつも意思表示があるとは限らないことの認識です。

4．不快に感じるか否かは，個人差が見られるものの，生徒が嫌がっている素振りを示した場合，同じ言動をけっして繰り返さない，という認識です。

　早急に人権感覚を養うため，全教職員を対象として，具体のケースに基づく対応策について協働参加できるような校内研修を実施いたします。セクハラ・パワハラ防止を十分に踏まえた，相談組織体制の充実にも努めます。

　改めて，A教員のB子さんへのセクハラ行為，誠に申し訳ございません。

説明・メッセージのポイント・留意点

●セクハラ被害の訴えがあったとき，被害を受けた生徒からの聞き取りに対して，先入観を持って相談に臨まないこと。複数の教職員が相談にあたり，少なくとも1名は被害者と同性の者が加わる。その主張を十分に聞く。

●事実関係を的確に把握し，その内容を被害者に了解を得たうえで記録する。

●加害教員にセクハラに該当するかは受け手の判断が重要なことを確認する。

●被害者自身の訴えがあった時点で，被害者の立場でケアする体制をつくる。

●保護者に学校の再発防止の姿勢を伝え誠意ある対応をし信頼回復に努める。

●教育委員会に報告し，連携を図り，学校，加害者が謝罪する。

教職員のセクハラ・パワハラへの対応・説明

生徒へのパワハラ

九州大学名誉教授　八尾坂　修

Q28 教職員による生徒へのパワハラがありました。教頭として，保護者へどのように説明したらよいですか。

説明・メッセージ実例

2020年1月15日（水）2校時数学の授業において，本校 Y 中学校 A 教諭が御子息の B 君（2年生）に対してパワー・ハラスメントを行ったことに深くお詫び申し上げます。

A 教諭とクラスの生徒からの事実関係を聴取しましたところ，以下の事実が判明いたしました。B 君が当日のみならず，以前にも数回スマートフォンゲームに夢中になり，授業中の課題をやっていなかったこと，教科書も忘れてきたことに A 教諭は立腹したことです。B 君に対し，「こんな態度にさせたお前の親の顔がみたい」「お前は数学の授業を受ける資格がない。なんと駄目な男なんだ」「成績はどうなってもいいんだな」とクラス全員の前で声高に叱責し，見せしめに類する言動を行ったことであります。その結果，B 君が教室を飛び出し，下校してしまいました。

このような A 教諭の攻撃的な言動は，B 君の尊厳を傷つけ人権侵害に該当し，到底許されることではありません。この事実関係につきましては，X 市教育委員会に報告し，処分等の判断を委ねることになっております。A 教諭は自己の非を認めており，直接お伺いして謝罪いたす所存です。

Y 中学校としては，B 君が今後元気を出して登校していただけるよう，個別の学習機会とともに，学習生活面でのケア，相談を行いたいと考えております。何かご要望等がございましたら是非お願い申し上げます。

今後二度とこのような不祥事が起きないように，学校の総力を挙げて再発防止に取り組むことを誓います。

1．教職員自らの言動がパワー・ハラスメントに該当しないか，十分注意を払い防止に努めます。定期的にチェックシートを活用し，省察します。

2．教職員にパワー・ハラスメントをしないために認識すべき事項について周知徹底し，教職員の意識啓発に努めます。

　①教職員として自分がパワー・ハラスメントをしているという自覚がない場合があるという認識を持ちます。②指導の範囲を超えて感情にまかせた言動は，パワー・ハラスメントになるという認識を深めます。③生徒の皆さんから明確な意思表示があるとは限らないとの認識を深めます。

3．教職員がパワー・ハラスメントになる言動をしている場合には，ひるまず，速やかに注意を促します。生徒の皆さんが一人で悩みを抱え込むことのないよう，積極的に声をかけるとともに，プライバシーに十分配慮しながら相談しやすい機会をつくります。

　改めて，今回の事件でB君，御家族の皆様に大変な辛い思いを与えてしまいましたことに対し，深謝いたします。

説明・メッセージのポイント・留意点

● パワー・ハラスメントを当事者間の個人的な問題として片付けず，職場全体の問題として対応すること。

● 被害者，加害者，関係者の意見を十分聞き，事実関係（いつ，どこで，何をされたか，被害者への影響，加害者への対応等）を把握したうえで保護者に誠実に対応すること。

● 問題の如何によっては教育委員会に迅速に報告すること。

● 被害者のプライバシー保護に十分配慮し，被害者へのフォローに取り組む。

● 学校全体で，再発防止に向けた具体的方針を提示し，実行への誓いを示す。

● パワー・ハラスメントとなり得る言動例として「攻撃する」「否定する」「強要する」「妨害する」等の視点を看過しない。

● 管理職や先輩の立場から，職務遂行上，組織運営上必要であると判断される場合には，冷静にかつ毅然たる態度で，状況に応じた適切な指導や助言を行い，かつ職員の育成に努める。

● 正しい認識をもつため，パワハラではないという勝手な思い込みや過信には十分に注意を払うこと。

教職員のセクハラ・パワハラへの対応・説明

女性教師へのセクハラ

九州大学名誉教授　八尾坂　修

Q29 男性教員による女性教員へのセクハラがありました。校長とし
て，男性教員にどのように注意し説明したらよいですか。また，女性
教員にどのように，今後の対応について説明したらよいですか。

説明・メッセージ実例

　A先生，今回本校における先生の行為はとても許容できるものではありま
せん。事実関係を端的に述べますと，B先生から授業や学級づくりの相談を
受けるうち，メールで連絡を取り合うようになり，当初は，相談内容につい
てのやりとりだけでしたが，その後，しだいにプライバシー（男女交際関係，
結婚希望年齢など）に関する内容について執拗に尋ねたりするメールが送ら
れるようになりました。B先生は無視しておりましたが，しだいに不快な思
いが募ってしまったそうです。A先生は"悪気はなかったが，冗談のつもり
で余計なことまで聞いてしまった"と弁明していますが，このような行為は
セクハラにあたります。

　個人の尊厳や人権を侵害し，精神的・身体的に悪影響を及ぼすことはもち
ろんのこと，職場環境，教育活動の観点上，回復しがたい重大な結果を及ぼ
しかねないことを自覚しなくてはなりません。

　A先生，先生はB先生に謝罪して下さい。今回の事件は，職場のなかで
他者を性的な関心の対象として見る意識やジェンダーに対する認識の差異か
らも帰因することを肝に銘じて猛省して下さい。この事実関係は，教育委員
会にも報告し，何らかの判断を請うことになります。

　B先生，本校管理者として職場の良好な勤務環境を確保する責務がありな
がら，誠に申し訳ございません。

　今後は，本校教職員が自覚なく行動することや軽く考えることのないよう

に，常に人権意識を持ち自己の発言や行動を熟慮することの意識改革を図ります。勤務環境を害する言動を見逃さぬよう，相談体制の充実を図ります。心配がありましたらご相談下さい。B先生をケアすることにためらいません。

　また，計画的な研修機会を設け，男女の相互理解，自己の不用意な言動が他者に与える影響を考え，セクハラにつき教職員の意識啓発に努めます。

　本校教職員が一体となって心が通いあう快適な職場環境をつくり，教育活動に専念できるよう努める所存です。

説明・メッセージのポイント・留意点

- ●加害者・被害者からの事情聴取を通して，事実関係を迅速かつ正確に確認する。事態を悪化させないよう，両者に対する措置を適正に行う必要がある。加害者は自らの行為についてきちんと反省し，謝罪し，社会的・道義的責任を果たさなければならない。

- ●セクハラを受けたとき一人で我慢するだけでは問題は解決しない。明確に意思表示をし，毅然とした態度をとる。被害内容（日時，場所，内容状況，周囲の状況）を記録に残しておく必要がある。

- ●快適な職場環境は，教職員が協力してつくるものである。職場の同僚としてセクハラに対する行動をためらわない。被害者は，「恥ずかしい」「仕返しが怖い」など相談することをためらうことがあるが，気がついたことがあれば，気軽に声をかけて相談に乗る姿勢が大切である。

- ●セクハラに対する認識を深める。「これくらいの冗談を理解してくれるだろう」とか「先生のことを思ってやっていることだ」などの考えは，上位の立場のおごりに結びつく。それが思わぬ不用意な言動を引き起こす。

- ●セクハラは人権問題である。働く意欲の低下，信頼関係の崩壊，人間関係の悪化，学校組織のモラールの低下をもたらす。また，公務の信用を失墜させてしまう場合があること認識する。

- ●管理者としては，セクハラ再発防止に向けた方針を確立し周知・啓発する。

- ●管理者は，計画的な研修，特に具体的なケーススタディやセクハラに関する自己チェックシートの活用により，ジェンダーの相互理解，自己の言動が人に与える影響などの理解を深めさせ，教職員の意識啓発に努める。

- ●セクハラの相談対応を行った場合には，その状況を教育委員会に報告する。

管理職によるパワハラ

九州大学名誉教授　**八尾坂　修**

Q30　管理職による教諭へのパワハラがありました。校長として，管理職にどのように注意し説明したらよいですか。また，今後の対応について教諭にどのように説明しますか。

説明・メッセージ実例

　この度，A教頭が新採用のB先生の授業を参観し，授業の進め方がうまくいかないと，些細な失敗であっても，授業を途中で止め，生徒の見ている面前で大声で叱責したこと，また，学習指導案についても適切な助言をすることなく執拗に修正を求めた結果，B先生が次第に自信をなくして，体調不良を訴え，出勤できなくなったことは誠に遺憾で，弁解の余地もありません。

　このようなA教頭の攻撃的な言動はパワハラ行為であり，個人の尊厳を傷つける人権侵害であります。懲戒処分の対象となるかも知れません。校長としての私は無論，管理職は，教職員のやる気と能力を十分に発揮させ，学校運営を効率よく円滑に進めていく責務が求められます。管理職が職務上の権限や地位を利用して人格的な支配を行ったり，心理的な圧迫，身体的苦痛を与えたりすることは絶対に認められるものではありません。

　真摯に教育活動に取り組んでおられるB先生に分別のない言動によって傷つけてしまったこと，誠に申し訳ございません。

　今後，X小学校ではパワハラ行為について教職員一人ひとりが正しい認識をもつよう固く誓い，以下の点を心がけます。

●自分では指導や助言のつもりでいても，知らないうちにパワハラを行っている場合があります。どのような行為がパワハラに当たるのかを，早速，校内研修を通して認識を深め，常に適切な言動を心がけます。

●パワハラではないという勝手な思いこみや過信からパワハラが行われる場

合があります。"この程度の意見や注意はパワハラと思われるはずがない"という過信には十分気を付ける必要があります。自分の言動がパワハラに当たらないのか，適時，チェックシートなどを活用し認識を深めます。

●パワハラを受けている教職員は，明らかにパワハラと感じる言動であっても，拒否や抗議の明確な意思表示をするとは限らないとの認識を深めます。

●X小学校としては，先生方一人ひとりが仕事上のコミュニケーションを大切にし，誤解や行き違いを生まない，風通しのよい職場づくりに努めます。B先生，先生はわたしたちX小学校のかけがえのないチームメンバーです。今後ともX小学校はB先生が安心して教育活動に専念できるよう見守って行くことをお約束いたします。

　改めて，今回の事件でB先生に大変なご迷惑おかけしましたこと，深くお詫び申し上げます。

説明・メッセージのポイント・留意点

●パワハラ行為の事実について言い訳まがいのことは述べず，誠実な姿勢で"事の重大さ"を加害者，被害者に伝える。

●校長としては，"パワハラは許されない行為である"という方針を教職員に明示し，職場におけるパワハラ防止と排除に自ら取り組む必要がある。

●管理職をはじめ全ての教職員が日頃から人権に対する感覚をみがき，まずは自分自身がパワハラを起こさないようパワハラについて正しい認識をもつ。指導や助言の適正な程度は，教職員一人ひとり異なっており，相手に見あった言動をとることが肝要。客観的な視点に立ち，自らの言動がパワハラに当たらないか判断し，思いこみや過信は禁物。パワハラの被害者が拒否や抗議などの明確な意思表示をするとは限らないことの認識を深める。

●被害者が今後不安なく教育活動を遂行できるように支援策を講じる。

●教職員間で挨拶の励行，情報の共有など適切なコミュニケーションがとられ，相手の気持ちを思いやり，互いを尊重しあうことができる，より良い人間関係が築かれるような"空気"を築く。管理職としては，日頃から教職員の言動に注意するとともに，教職員との面談等の機会に，悩み事や困っていることがないか確認することも大切である。

●パワハラを行った者は，その態様，程度により懲戒処分の対象となる。

教職員間のいじめへの対応・説明

教員間のいじめ

元大阪府教育長　**浅野　素雄**

Q31　教員間のいじめの事件が発生した場合，校長として，加害教員にどのように注意し，今後の対応について説明しますか。また，被害教員に今後の対応についてどのように説明しますか。

説明・メッセージ実例

　行政機関や一般の企業等においては職制が明確であるため，上司が所属職員に対しパワハラに及ぶこともあり得ますが，学校の教職員は職の上下関係が明確ではないため，パワハラではなく教職員相互のいじめとして問題が発生します。教職員は，児童・生徒間のいじめを防止すべく，特段の指導を行うべき立場にありながら，教職員相互間にいじめ問題が発生するとは，誠に遺憾なことと言わざるを得ません。

　いじめの実態にもよりますが，いじめを主導しまたはこれに加担するような人物は，本来教職員としての資質に欠ける人であるので，校長として加害教員を厳しく指導することを前提に次のような作業を行います。

① 　副校長に対し，校内における教職員間の人間関係の実態及び今回発生したいじめの状況について詳しく調査し，報告するよう指示します。

② 　加害教員には，他の教員に対しいじめの行動に走った理由，行った行動について説明を求めます。

③ 　被害教員に対し，加害教員とどのような関係にあったか，いじめの被害者としてどう考えているか，説明を求めます。

④ 　いじめの実態を所管の教育委員会に報告し，指示を仰ぎます。

加害教員に対する指導及び指示

　教員間のいじめ事件における加害教員に対しては，次のように厳しく指導します。

① 　児童・生徒のいじめ行為の防止について指導する立場の教員が，同僚の教員に対しいじめを行うことの重大性を深く認識して下さい。

② 　児童・生徒を指導するとは，指導する教員が児童・生徒のモデルとなることが前提であり，知識を教授することだけが重要なのではありません。それをよく理解しなければ教師失格であることに思いをいたすべきです。

③ 　いずれ，任命権者である教育委員会から，今回のいじめ事件について何らかの指示・命令があります。それに従い今後の行動を決定して下さい。

被害教員に対する指導

　被害教員に対しては，今後の対応の在り方について次のように指示します。

①今回のいじめ事件では，皆さんは被害者の立場にあるが，事件進行の過程でもっと毅然とした態度がとれていれば，事件がここまで大きくなることはなかったのではないか。そのことに思いをいたし，今後の生き方の糧にしてほしい。このことは児童・生徒の指導にとっても大切なことです。

②今後とも職務に精励し，仲間内に隙をみせないように心がけるとともに，副校長・主幹教諭等の指示に従って職務に専念していただきたい。

説明・メッセージのポイント・留意点

　学校の教職員とは，児童・生徒を対象とするいわば閉ざされた社会の一員として勤務するものであり，行政機関や民間企業のように広く社会に開かれたものとは言いがたい。このため，教員社会は一般社会からみれば，「独りよがり」が多いとか，「世間が狭い」とか言われることが多い。そのうえ，校長・副校長以外は身分上に大きな差がないこともあって，いわゆるパワーハラスメントが起こりにくい反面，奇妙ないじめが横行する社会でもある。

　その典型例が神戸市立小学校で発生した教員間の暴力・いじめ事件である。この事件は，マスコミにも取り上げられていたから，承知している人も多いと思われるが，行き過ぎた教員社会の歪みが明らかになった事件であった。この事件から得られる教訓は多々あろうが，最大の問題点は学校の管理者である校長の権限が不明確であることである。このことは，戦後の教職員組合運動の結果でもあるが，校長が校長としての権限と責任を果たしにくい社会としての学校が現在も続いているといえる。

　本問のメッセージはそのことにも配慮しつつ作成した。

教職員間のいじめへの対応・説明

教職員のいじめによる負傷

元大阪府教育長　**浅野　素雄**

Q32　教員同士のいじめにより，被害者の教員が何度もけがをすると
　　いう事件が起こりました。緊急保護者会で，校長としてどのように説
　　明したらよいでしょうか。

説明・メッセージ実例

　Q31でも述べたように，児童・生徒の指導の任に当たる教職員相互間に
いじめ行為があるなど，許されるものではありません。そのうえ，被害者が
何度もけがをしているとはどういうことか。Qの記述ではけがの程度が不明
ですが，いずれにしろけがをさせた行為は傷害罪に該当し，刑事責任を問わ
れかねない事件と言わざるを得ません。緊急の保護者会が開かれるというこ
とは，いじめ及びそれに付随したけがの程度は，相当厳しいものといえま
す。校長としては副校長の協力のもと，事件をつぶさに調査し，調査結果を
所管の教育委員会に報告するとともに，所轄の警察署に通報するつもりです。

緊急保護者会における校長の説明

　本日は，緊急の保護者会を開催いたしましたところ，保護者各位にはご多
忙中にもかかわらず，ご出席いただきありがとうございます。本日，緊急に
お集まりいただきました主旨は，本校の教職員間でいじめ事件が発覚し，し
かも，いじめの被害者がけがをするという事件が明るみに出ましたので，そ
のことを，校長である私から皆様にご報告申し上げますとともに，今後の本
校の教育の在り方についてご説明申し上げ，ご理解といっそうのご協力を賜
りたいと考えるからでございます。

① **事件の概要**

　本校においては，所属教職員が児童の教育に専心しているものと考えてお
りましたところ，いつ頃からか一部の教職員が同僚の気の弱い教職員に何事

か因縁をつけ，自分に従わせようとする行為，いわゆるいじめが行われていたようであります。そのうちいじめが次第にエスカレートし，いじめの被害者がけがをするという事件に発展しました。しかも，調査によれば，被害者のけがは今回が初めてではないということであります。

② **事件の処理方針**

　今回の事件を知り，副校長の協力のもと事件を詳しく調査したところ，上記のような状況が判明しました。私としましては，早速，所管の教育委員会に報告するとともに，傷害事件として所轄の警察署に通報しました。今後，加害者の教職員には，教育委員会から身分上の懲戒処分が，傷害事件については司直からの決定をまって対処することになると存じます。

③ **校長としての反省事項及び今後の学校運営方針**

　私としましては，今回の事件が傷害事件に発展するまで承知していなかった不明を深く反省しますとともに，今後は所属教職員の勤務態度についても十分留意して参りたいと存じます。

　また，学校の運営方針に基づき，児童・生徒の教育活動の進展と明るい学校づくりに努力して参る所存であります。保護者各位には只今の説明を了とされ，いっそうのご理解・ご協力をお願い申し上げます。

説明・メッセージのポイント・留意点

　Q32の内容は，神戸市の小学校で発生したいじめ・傷害事件をモデルとしているものと思われる。このような事件の発生は，最近における教員の素質が問われているとも言えよう。近年，学校における教員の過労が大きな課題となり，国においても「学校における働き方改革」が課題になっているが，このこともあってか，教員の志望者が減少傾向にあるという。国の大本は教育にあるといわれるが，優秀な教員が一人でも多く増加することを望まずにはいられない。

　本問のメッセージは，緊急の保護者会における事件に絡む校長の説明であるので，できるだけ具体的に，実際の説明に即して記述した。

　いずれにしても，学校運営は校長が中心であるので，校長は深い教養と信念を持ち，所属教職員の信頼を得る存在でなければならない。

教員の不祥事への対応・説明

教員の破廉恥事件

常葉大学教授　**堀井　啓幸**

Q33　教員が破廉恥事件を起こし，逮捕されるという事態となりました。緊急保護者会で，副校長としてどのように説明したらよいですか。

説明・メッセージ実例

（校長の説明・謝罪を受けて）

　ただいま，校長からお話がありましたが，本校の教員が同僚教員の自宅敷地内に無断で入り，同僚教員が入浴中，お風呂場の窓からスマホを使って盗み撮りをしていたことがわかりました。公務員として，また，本校の職員としてあってはならない言語道断の行為であり，生徒，保護者，地域住民の信頼を裏切ってしまいましたことに心からお詫び申し上げます。

　本校では，学校運営協議会を通じて，開かれた学校運営を基本方針としており，そうした学校運営方針のもとに多くの保護者，地域住民の方々に多大なるご支援・ご協力をいただいてきました。本校の教職員には，日頃から，生徒，保護者，地域住民の信頼を得て学校運営をしていることを自覚して教育実践に当たるように，職員会議や研修会などを通して，法令遵守のみならず，高い次元での倫理性維持や内部統制が求められていることを指導してきたつもりでした。今回の事件は，教職員と身近で接してきた副校長としまして監督不行き届きであったことを自覚し，責任を痛感しております。「原因についてはもっか調査中」ですが，教育委員会の協力を得て，スクール・カウンセラー等の派遣を要請し，今回の事件で心理的にダメージの大きい生徒の状況に応じた心理的ケアに努めたいと思います。

　こうした破廉恥な行為は，人の本質に関わる問題であり，相手の人格を軽視する行為でもあります。これまで以上に生徒一人ひとりの人間性を大切にした教育をしていかなければならないと考えております。今回の事件を受け

まして，これまで以上に法令遵守の姿勢を徹底し，学校における指導だけでなく，家庭や地域との連携のもとで皆様の「まなざし」から教職員に対する信頼感の重要性を再認識させたいと思います。

説明・メッセージのポイント・留意点

　2018（平成30）年度文科省「公立学校教職員の人事行政状況調査について」によれば，当事者責任によるわいせつ行為等に係る懲戒処分等の発生件数は，282人であり，前年度の210人から大幅な増加傾向にある。セクシュアル・ハラスメントを含む「わいせつ行為等」による懲戒処分者は，文科省が児童・生徒に対するわいせつ行為があれば原則として懲戒免職にするように指導していることもあり，懲戒処分者の約6割（163人）が懲戒免職になっている。これだけ厳しい処分がなされているのにわいせつな行為が減らないことにこの問題の深刻さがある。

　公務員は，その職の信用を傷つけ，又は，公務員の職全体の不名誉となるような行為は禁止されている。とくに，教職員は，全体の奉仕者として公共の利益のために勤務すべき公務員であることはもちろんのこと，学校という部分社会において模範を示すべき立場にあるのであるから，全体の奉仕者として，公務に対する国民，又は住民，保護者，児童・生徒の信用を裏切らないように格段の注意をすることは当然のことである。とりわけ，わいせつ行為は，教員が一番大切にすべき児童・生徒の人権を根底から否定することにつながる行為であり，厳正に処罰されなければならない。しかし，その一方で，教育現場の変化についていけないというストレスなどが教員の不祥事の背景の一つになっており，社会に開かれた当たり前の意識を持ちにくくなっている教師が増えていることにも留意しなければならない。

　副校長は，直接に教職員と接し，教職員の気持ちを感じ取れる立場にあることで不祥事の内容や不祥事発生の背景をより実感を持って把握しやすいこと，また，PTA役員や学校運営協議会の役員などと直接つながりがとりやすいことから，説明は教職員の実態を踏まえて丁寧に行い，学校運営協議会など保護者や地域住民の協力を積極的に得ることで，学校の信頼を取り戻すための対応を明確に示したい。

教員の不祥事への対応・説明

教員の体罰事件

常葉大学教授　堀井　啓幸

> *Q34*　部活動の指導教員が生徒を厳しく指導するなかで，生徒に体罰を加える事件が発生しました。これについて，校長として，生徒，保護者にどのように説明したらよいでしょうか。

説明・メッセージ実例

　この度，○○部において指導教員が部活動中に体罰を加えたことが判明しました。幸いけがはないようですが，校長として，被害にあわれた生徒，ご家族の皆様に心からお詫び申し上げます。

　まず，事件の概要について，教頭から話させます（教頭には，「ポジションペーパー」をもとに，体罰事件について，５Ｗ１Ｈの形で記載した事件の概要，聞き取り調査の結果などを詳細に話させた）。

　私から補足いたします。指導教員と生徒から聞き取り調査をしましたが，指導教員は生徒との間で信頼関係があれば許されるという誤った認識があり，行き過ぎた指導を行ってしまったようです。保護者から指摘され，生徒自身から指導がつらかった旨の話を聞くなかで，自らの行き過ぎた指導の問題性に気づかされたようです。この教師も我々と一緒に被害生徒宅に伺って，被害生徒と保護者に謝罪してまいりましたが，一度壊れた信頼関係は謝罪だけでは解決しません。教育委員会，本校においても厳正に対処し，被害にあった生徒の心理的ケアに努めたいと思います。

　今回の事件は，保護者の方から連絡があって，体罰の事実に気づかされたという状況です。○○部は，これまで指導教員の厳しい指導のもとに輝かしい成績を収めてきましたので，本校の教職員も体罰ではないかと思われる行動があっても見て見ぬふりをしてきたという側面があったのではないかと猛省しております。これまで，本校では人権教育に力を入れてきたつもりでし

— 72 —

た。一人ひとりの生徒の声や気持ちを軽視することがない生徒の人権を第一に考える意識をすべての教職員がもてる教育環境を率先して醸成していかねばならない立場にある校長として，責任を痛感しております。生徒や保護者の皆様との信頼関係を取り戻せるよう，職員会議や研修会を通じ人権教育を徹底したいと思っております。そのために，まず，教師間で，教師・生徒間で話し合う機会をつくり体罰をなくす働き掛けをしていきたいと思います。

説明・メッセージのポイント・留意点

　2018年度文科省「公立学校教職員の人事行政状況調査について」によれば，体罰に係る懲戒処分を受けた教員の数は578人であり，このうち中学校は222人で最も多く，授業中・部活動中の体罰が多い。体罰事案の把握のきっかけは，小学校でも中学校でも保護者の訴えが最も多く，保護者から訴えられ慌てて学校が対応するケースが多いようだ。

　体罰事件に対応する場合は，以下のように素早く事実を把握し，信頼関係を早期に修復する努力が求められる。

事実の把握：教員本人，あるいは児童・生徒を含めて関係者に対する事情聴取から，可能な限り事実を正確に把握する。

謝罪：体罰などの問題は，事実を把握したうえで，当該教員と家庭に赴き，被害にあった児童・生徒からも事実を確認したうえで，速やかに謝罪することが大切である。また，その後の児童・生徒に対するケアについても責任をもって対応することを明確に示すことが大切である。

事実についての発表と当該校関係者での話し合い（他の教職員，保護者，マスコミ対応）：事実が確認されたら，緊急に教職員，保護者を集めて，事実を報告し，謝罪するとともに，今後の対応を明確に示すことが大切である。とくに，学校が児童・生徒の人権尊重を第一に考えていることを確認し，今後，情報を公開することによって，信頼される学校づくりを目指すという方向を確認する作業が大切になる。

　体罰は，教師と児童・生徒の人間関係を一度に壊してしまう危険性があり，そうなったとき，教師と児童・生徒の教育的関係は崩壊するだけでなく，その後に及んで児童・生徒に深い傷を残すことになることを学校の教職員一人ひとりが常に認識しておかねばならない。

教員の不祥事への対応・説明

教員の守秘義務

常葉大学教授 堀井 啓幸

Q35 教員が，帰宅時に生徒の個人情報のデータをUSBメモリーに納めて，家で通知表作成の作業をしようと持ち帰る途中，紛失してしまうという事件が起こりました。個人情報漏洩の恐れがありますが，教頭として保護者にどのように説明したらよいですか。

説明・メッセージ実例

（校長からの説明，謝罪を受けて）

　○年○月○日，本校の教員が，自宅において学年通信を作成するため生徒の個人情報を校長の許可を得ずにUSBに記録し，教務手帳とともに，鞄に入れ自宅に持ち帰る途中，大衆浴場に立ち寄り，自家用車内に当該鞄を置いたたまま，車を駐車場に駐め，入浴していたところ，車上荒らしに遭い，自家用車内に置いてあった鞄が盗まれ，USB及び教務手帳を紛失するという事件がありました。すでに，新聞報道もされておりますが，本校においては，市の条例に基づき，個人情報を持ち出す際は，校長の許可が必要であり，その許可も得ずに持ち出したという行為は公務員として，教員として言語道断のことであり，教頭として，実際に個人情報持ち出しの際に直接指導し監督する立場にあった者としてその責任を痛感しております。

　現在，警察に紛失届を出しております。USBメモリーにパスワードをかけているということですが，教務手帳も紛失しており，生徒及び保護者の皆様との信頼関係を壊すコンプライアンスが欠落した行為で，教育委員会，学校としても厳正に処分したいと存じます。情報が漏洩したことにより，ご家庭に不審な電話等があったときは，私が窓口になり，教育委員会，警察と連絡を密にとり二次被害が出ないよう対応いたします。気になることがあればすぐにご連絡いただきたいと存じます。今後は，なぜ，こうした事態に至っ

たのか原因究明を徹底し，それを踏まえた危機管理マニュアルを作成し，事後対応策も検討することで教職員一丸となり情報管理を徹底していきます。

■ 説明・メッセージのポイント・留意点

　2005（平成 17）年 4 月に個人情報保護法が施行され，学校が個人情報を収集・管理・利用する必要性が認知される一方で，学校が個人情報を管理することに対する責任も明確になったと言える。ただ，生徒の成績など個人情報が入った USB メモリーを持ち出して紛失する事件が多いことから言えば，学校や教師は個人情報を管理する責任をきちんと認識していないように思える。ギガスクール構想の下で情報管理の重要性を再認識する必要がある。

　文科省「学校における個人情報の持出し等による漏えい等の防止について（通知）」（2006 年 4 月 21 日）では，情報管理体制チェックリストの参考例として，以下のような基本的な対策を示している。

　①漏えいして困る情報を取り扱うパソコンには，ファイル交換ソフト（Winny 等）を導入しない。②職場のパソコンに許可なくソフトウェアを導入しない，または，できないようにする。③職場のパソコンを外部に持ち出さない。④職場のネットワークに，私有パソコンを接続しない，または，できないようにする。⑤自宅に仕事を持って帰らなくて済むよう作業量を適切に管理する。⑥職場のパソコンから USB メモリーや CD 等の媒体に情報をコピーしない，できないようにする。⑦漏えいして困る情報を許可なくメールで送らない，または，送れないようにする。⑧ウイルス対策ソフトを導入し，最新のウイルス定義ファイルで監視する。⑨不審なファイルは開かない。

　各自治体で学校における個人情報管理を規定する条例を策定し，学校において，校長の許可を得るなど厳格なルールをつくっている学校が多くなっているにもかかわらず，相変わらず，USB メモリーを紛失する事件が続き，個人情報持ち出しによる個人情報漏洩が問題になるのは学校の情報管理に脆弱さがあるといわれても仕方がない。こうした事件が起こりやすい背景には，学校だけで仕事が終わらず，家に持ち込み仕事をしてしまうという学校の労働時間管理のあり方も密接に関わっている。教頭は，二次被害を防ぐための窓口になると同時に教員の服務管理に密接に関わっていることから，教員の労働時間管理のあり方と結び付けた個人情報管理のあり方を再考したい。

第2編

学校の日常，突然の出来事の際の説明・メッセージ

　　学校の日常の教育活動の中で，新学習指導要領の本格実施に向けて，小学校外国語科の新設，道徳科の実施，プログラミング教育の推進など，コロナ禍により大きく変更を迫られ難問山積する中，学校としてどのように対応し，説明責任を果たすか，また，日常の突然の児童・生徒対応・保護者対応にあたり，どのように説明責任を果たしていくかについて，学校の説明・メッセージの実例を掲げ，ポイントを解説します。

新学習指導要領の内容説明

社会に開かれた教育課程

文化学園大学名誉教授
元 NHK 解説委員　　**野原　　明**

Q36　「社会に開かれた教育課程」ということが，新学習指導要領の
前文に掲げられていますが，学校と家庭・地域が連携して学校教育を
進めていくために，校長として保護者にどのような説明をしますか。

説明・メッセージ実例

　改訂された新しい学習指導要領の理念として「社会に開かれた教育課程」
という言葉が前文に書き込まれています。この理念は何を意味しているのか
からお話ししたいと思います。

　学習指導要領前文には，「よりよい学校教育を通してよりよい社会を創
る」と書かれています。そこから読み取れるのは，学校が目先の社会の要請
に受け身で対処することではなく，過去の変化を受け止めつつ改善されてき
た教育の蓄積を生かし，現在の社会との関わりのなかで，子どもたちが未来
の創り手となるために必要な知識や力を育むことを求めているということで
す。

　また，学校が地域とともに発展していく存在であるという観点からは，学
校と家庭や地域社会といった社会の空間的なつながりのなかで，子どもを育
んでいく基盤となる教育課程の重要性を捉えたものでもあります。

　では，学校はどうしていけばよいのでしょうか。指導要領改訂の基となっ
た中央教育審議会の答申は，「社会に開かれた教育課程の実現」のために必
要な次の3つの柱を示しています。その一つは，社会や世界の状況を幅広く
視野に入れ，よりよい学校教育を通じてよりよい社会を創ろうという目標を
持ち，教育課程を介してその目標を社会と共有していくこと。二つ目は，こ
れからの社会を創り出していく子どもたちが，社会や世界に向き合い関わり
合い，自らの人生を切り拓いていくために求められる資質・能力とは何かを

教育課程に明確に示して育んでいくこと。三つ目は，教育課程の実施に当たって，地域の人的・物的資源を活用したり，放課後や土曜日などを利用した社会教育との連携を図ったりし，学校教育を学校内に閉じ込めずに，その目指すところを社会と共有・連携しながら実現させることだと言っています。

とくに，三つ目の学校と地域社会との関係について考えますと，校長は学校に設けられた「学校運営協議会」に，教育課程など学校運営の基本方針案を示して，学校と保護者，地域住民とでじっくり話し合い，学校の願いを理解してもらうことがあげられています。

学校は，保護者や地域住民に，子どもたちが学校で何を学んでいるかを公開し，家庭や地域にどんな協力を求めるかを示して，それに応えてもらうなど，相互に協力し合ってよりよい学校教育を実現することが大切です。

このように，学校が学校内だけで閉鎖的に運営するのではなく，保護者・地域住民と連携し，連携・協働活動を一体的に推進することが重要だと理解してほしいのです。

説明・メッセージのポイント・留意点

● 改訂学習指導要領で新しく示された「社会に開かれた教育課程」とは何かを，専門用語を使って理屈っぽく話すのではなく，校長が自分の言葉で分かりやすく語らなければならない。上記の文章はその一例に過ぎない。

● 「社会に開かれた」という言葉の意味や，出てきた背景を踏まえて，どうすれば学校教育に生かされるかを考え，具体的に語ることが重要である。

● 「社会に開かれた教育課程」で，学校と家庭・地域との関係を対立する概念ではなく，協働する関係であるということを踏まえて，どうなるのか具体的でわかるように話すことが必要である。

　たとえば，子どもの社会体験の場を提供してもらうこと，部活動やクラブ活動の指導員や，経験を生かした英語科の指導を地域の方々に委託することなどが考えられる。その一方で，子どもたちを地域活動に積極的に参加させることなどがあげられる。

● 保護者の役割がこれまでとどのように違うのかを考えてもらう。子育てや勉強を学校に丸投げしたり，学校のやり方を批判・非難するだけでよいのか，双方向で連携するための方法などを説明することが求められる。

小学校外国語科の新設

文化学園大学名誉教授
元NHK解説委員　　**野原　　明**

Q37　小学校5年生・6年生で新しく導入された外国語科について，
導入の経緯と内容について，教頭として，保護者にどのように説明し
ますか。

説明・メッセージ実例

　今年度から小学校5〜6年生で新しく英語の授業が始まりました。この学
年のお子さんが昨年度までに経験された外国語活動は，今年度から3〜4年
生に前倒しされ，5〜6年生では国語や算数などと同じ教科としての英語の
授業が始まったのです。

　なぜ英語が正式の教科になったのでしょうか。いま世の中はグローバル化
時代だといわれ，外国語のなかでも最もよく使われている英語に，早いうち
から馴染ませたい，コミュニケーションに英語を活用できるようにさせたい
というのが，英語科誕生のねらいなのです。

　去年までの学習指導要領では，小学生にいきなり英語を教科として教える
のは早いのではないかと考えられてきましたが，教科ではない外国語活動を
授業に取り入れてみた結果，文部科学省や関係学者の間で，5〜6年生では
もっと深く学ばせても大丈夫だと考えられるようになったのです。

　それで，いよいよ今年度から外国語活動は3〜4年生で，教科としての英
語を5〜6年生で勉強してもらうことになりました。5〜6年生ではご存じ
のように英語の教科書が配られ，時間割には週2時間の英語の授業が組み込
まれています。

　保護者のみなさんにご注意いただきたいのは，小学校の英語は昔みなさん
が習われた中学校の英語とは違うということです。教科書に沿って単語のス
ペリングを覚えたり，発音を習い，疑問文や過去形などの構文を学ぶ授業と

は少し違うのです。小学校の英語の目標は，「コミュニケーションを図る基礎となる資質・能力」を育成することとされていて，中学校英語の「言語の理解」「コミュニケーション態度の育成」「4技能の基礎育成」とは大きく違っています。

　具体的に言いますと，小学校では大文字と小文字を識別すること，3〜4年生の外国語活動や授業で習った，耳で聞けば意味が分かる単語，たとえば，"Thank you."や，"I'm sorry.""Excuse me."などの語句を文字で認識したり，書くことが出来るようになることを目指したりしているのです。初めて英語の読み書きが扱われることになりますが，大切なことは「音声で十分に慣れ親しんだかどうか」ということなのです。

　ですから，英語の授業についていけるようにとお子さんを英語塾に通わせたり，無理な勉強を強いたりすることのないよう，よくお考えになって下さい。無理強いし早くから英語嫌いにしてしまっては何にもならないからです。

説明・メッセージのポイント・留意点

● 何のために小学校に英語科が設けられたのかを，グローバル化時代の英語の早期教育との関係などと絡めてわかりやすく説明すること。

● 小学校の英語科が，何を学ばせようとしているかを簡潔に説明すること。小学校学習指導要領の「外国語」の説明文を，良く理解したうえで話すことが大切である。

● 中学校の英語科の授業とどう違うかを話すこと。そのために，中学校学習指導要領の英語の部分を読んでおいた方が，小・中の関係が理解できて保護者への説明がしやすい。

● 英語の成績を上げるために，英語塾に通わせたり，無理なテキストを与えて勉強させ，中学校で本格的に英語を学ぶ前から英語嫌いにさせることのないよう保護者の注意を喚起すること，などをよく説明することが肝要である。

● 特に，高校や大学など上級学校への入試を考えて，小学校英語のねらいである「コミュニケーションを図る基礎となる資質・能力」とは違う「受験学力」を身に付けさせる学習に先走らないよう，保護者の意識づけを考えることが必要である。

プログラミング教育

元東京都杉並区立天沼小学校長　**福田　晴一**

> *Q38*　小学校で新しく導入されたプログラミング教育について，その導入の背景と内容について，教頭として保護者にどのように説明しますか。

説明・メッセージ実例

　2020年度の小学校新学習指導要領において，プログラミング教育が必修化となりました。必修化と言いましても，国語や算数のように教科として位置付けられているわけではありません。教科の例示として単元内で実施するもの，教科の内容を学習するなかで実施するもの等が明示され，小学校ではプログラミングを体験することに重点がおかれています。導入の背景としましては，子どもたちが社会で活躍する時代は「Society 5.0」が進み，生活の仕組み，暮らしの様子，働き方が大きく変わることでしょう。そんな時代を担う子どもたちにとって，プログラミング教育は子どもたち自身の可能性を広げることにもつながります。現在でも，プログラミングの能力を開花させ，創造力を発揮して起業する若者や特許を取得する子どもも現れています。このように，子どもたちが秘めている可能性を発掘し，将来の社会で活躍できるきっかけとなることも期待されています。コンピュータを理解し上手に活用していく力を身に付けることは，今後あらゆる活動において求められます。これからの社会を生きていく子どもたちにとって，将来どのような職業に就くとしても，極めて重要なこととなっています。諸外国においては，国策として初等教育からプログラミング教育を導入する動きが見られます。また，欧米諸外国に比べ起業家の少ない日本の現実，キャリア教育の観点からも，プログラミング教育の導入は社会からの要請でもあります。

　具体的な活動は，児童の発達段階を考慮しつつ，各校のICT環境の整備

状況も関連してきます。内容としましては，コンピュータを使用しない「アンプラグド型」，コンピュータ内のコンテンツに取り組む「ビジュアル言語型」，コンピュータの外のものを動かす「フィジカル型」のプログラミングがあります。低学年または導入段階では「アンプラグド型」から取り組むことが，無理なく進められるでしょう。教科の例示としては，5年生の算数「正多角形」と6年生の理科「電気の性質」において，明確に示されています。また，総合的な学習の時間においても探究活動に位置付け，プログラミングの体験が示されています。今後は，他の教科・領域においても，プログラミング体験を通して，教科の目標に迫る実践が多くなると推察します。

　また，従前からの課題であった受動的な学習から，主体的かつ創造的な学習への転換もプログラング教育に期待されているところです。つまり，プログラミング教育で「授業改善」も期待されているわけです。

説明・メッセージのポイント・留意点

　今まで「学習の基盤となる資質・能力」を「言語能力」「問題発見・解決能力」としていたが，新学習指導要領の総則においては「情報活用能力」も，「言語能力」「問題発見・解決能力」も同様に「学習の基盤となる資質・能力」と位置付け，各教科等の特質を生かし，教科等横断的な視点から教育活動で育成することと規定した。つまり，保護者にも，次世代を豊かに生き抜く必要不可欠な資質・能力と認識するよう発信する必要がある。

　また，保護者のなかにはIT関係企業に勤める方も多いだろう。保護者・地域に誤解を招かぬよう，教員の研修の現状と必要性についても理解していただくよう努めたい。日進月歩のテクノロジーの発展と追いついていない学校の環境整備のうえで，教員が教科と親和性を追求しつつ実践していく現状を，学校だよりやPTA等の会議で発信する必要がある。

　来年度以降，新中学校学習指導要領，新高等学校学習指導要領も実施される。今回の小学校プログラミング教育必修化の先には，中学校・技術分野でのプログラミング教育の充実，高等学校の「情報I」の必修化が公表されている。教頭として，小・中・高の情報教育の系統性を理解したうえで保護者に発信することが，保護者の安心にもつながるはずである。多忙な教頭職であるが，まずは，ご自身がプログラミングを体験していただきたい。

道徳科の先行実施

麗澤大学大学院准教授　**鈴木　明雄**

Q39　小学校・中学校で新しく導入された道徳科について，その趣旨と内容について，校長として，保護者にどのように説明しますか。

説明・メッセージ実例

子どもたちの幸福と未来の日本を育てる新しい道徳科

　新しい学習指導要領では，中央教育審議会答申等を踏まえ，生きる力を基盤に，子ども一人ひとりが幸せ感（Well-Being）を持続できる社会づくりという目標があります。このことは児童・生徒に育成すべき資質・能力として，主体的・対話的で深い学びというキーワードで示されています。生きる力は，しっかりとした個性を育てる学びや豊かな心を養う道徳教育の充実，健康安全を大切にする健やかな体づくりです。そして，対話的な学びでは，温かい人間関係を大切に，自分の考えを仲間と共に磨きよりよいものにします。

　とくに，新しい道徳科では，主体的・対話的で深い学びが先行実施され，各教科等でもいま取り組んでいます。心身を自ら鍛え，生涯充実して生きて，幸せ感を継続していく生涯100歳の人生設計を視野にいれた教育です。

　道徳が教科になり戦後初めて教科書が作られました。道徳科の授業では，読み物教材で，主人公は「なぜ，このように考えたのか」と自分事として真剣に考え，仲間と議論しながら「なるほど異なる意見も大切だ」と多面的・多角的に自分の考えを広げ，「自分ならこう実行したい」と生活の問題を発見し，粘り強く自ら解決していきます。人間の強さや気高さについても，弱さや醜さをもつ自然性も真剣に考え，ただ感動するだけでない確かな思考を学びの中で継続します。そして，子どもが熟考した道徳的な多様な価値を道徳的な価値観として自ら統合し，定着を図っていきます。さらには，多様な体験を通して，実際に実践して気付く学びを深める授業も工夫しています。

道徳科は，未来を担う新しい教育を人間育成の観点から先行しています。

道徳性の育成はＡＩを活用した未来の日本を支える教育

　今，Society（ソサイアティ＝社会）という言葉が注目されています。福沢諭吉は，明治初期に人間交際と訳し，社会と人との関係性の大切さを語りました。人間は，狩猟社会（Society 1.0），農耕社会（Society 2.0），工業社会（Society 3.0），情報社会（Society 4.0）と切り拓いて来ましたが，我が国が目指すべき未来社会の姿として，Society 5.0（超スマート社会）という第５期科学技術基本計画が提唱されています。経済発展と社会的課題の解決を両立する人間中心社会の実現と言えます。今，子どもたちと共に目指す日本の学校では，人間尊重の精神を基盤に，道徳科が推奨する「考え，議論する学習」を大切に，未来社会の創造を見据えた学習を積極的に展開します。

　新しい日本の子どもたちを育てるため，道徳科の特質である自己を見つめ，人間としての生き方について考えを深める学習が大切と考えられています。

説明・メッセージのポイント・留意点

　2021（令和３）年度新しい中学校学習指導要領は完全実施となる。その理念や指導内容・方法を分かり易く紹介することが求められる。特に道徳科は2015（平成27）年３月に「特別の教科　道徳」として告示され，先行実施されている。広い視野から多面的・多角的に考え，対話的なペア学習やグループ学習を工夫し，考え，議論し，主体性を育てる機能として，他教科等をよりよく改善する役割も期待されている。また，通知表等の所見を通して，指導と評価の一体化を図った新しい道徳の評価を生徒や保護者に示す必要もある。一方，学習指導要領の指導理念は，生きる力を基盤に，対話的な学びと幸せ感（Well-Being）が謳われ，発達段階を踏まえた児童・生徒の主体性を育てるため，対話的な話し合い活動等の学習活動の充実や道徳性に係る成長の様子を個々に勇気付け，励ます多様な評価が求められている。

　現在，新型コロナウイルス禍や東日本大震災等に対して，健康安全を堅持できる日本の未来社会の在り方が問われている。Society5.0社会でも，人間教育が重要であり，主体性や人間性を育てる新しい道徳科の教育理念を掲示したい。具体的な道徳科授業や道徳科教科書の価値，全教育活動における道徳教育の在り方等について，分かり易い広報活動を展開したい。

学力向上策

文化学園大学名誉教授
元NHK解説委員　**野原　明**

Q40 学校の学力向上策について疑問が投げかけられました。学力向上策について，教頭として保護者にどのように説明しますか。

説明・メッセージ実例

　学力向上策についてお尋ねがありました。ご質問に答えるに当たって，今学力についての考え方が変わってきていることからお話したいと思います。

　戦後の経済成長のもとで，大学進学率が急速に向上するのと並行して受験学力が重要視されるようになりました。そんななかで，知識の蓄積・暗記が主流で，試験に合格するための点数至上主義が広がっていきました。

　ところが，21世紀に入って，国連のOECDが世界の多くの国の15歳児を対象に，3年ごとにPISAと呼ばれるテストを実施したところ，日本の子どもは自分で考えて解く力，つまり思考力に課題があることがわかりました。その後，文部科学省が小学校6年生と中学校3年生を対象に，全国学力テストを実施した結果，毎回教わった範囲のA問題の成績はいいものの，自分で考えなければ解けないB問題の成績が芳しくないという問題点が明らかになりました。

　そんな中，日本の子どもの学力を向上させ，国際社会で競争力を持たせなければならないという機運が高まり，中央教育審議会の答申や政府の教育再生実行会議の提言などが，学習指導要領を改訂して授業の内容ばかりでなく授業の方法まで改革することを求め，高大接続システムを改革して大学入試を大きく改善するよう要求しました。暗記万能・点数至上主義の教育を改め「知識・技能」の他に「思考力・判断力・表現力」の育成と，「自ら学ぼうとする意欲」の3つの柱を掲げて，教育改革を進めようとしているのです。

　文部科学省のいう「確かな学力」とは，知識・技能に加えて，学ぶ意欲や

自分で課題を見つけ，自ら学び，主体的に判断し，行動し，よりよく問題を解決する資質や能力まで含まれるということです。学力とはこれまでのような知識偏重・暗記万能で試験の点数が高いことではない，言い換えれば「何を学ぶか」だけではなく，「どのように学ぶか」「何ができるようになるか」の三つを合わせたものが学力だということになりました。

　その学力を付けるために，授業では「主体的・対話的で深い学び」をするのだというのです。ですから，家庭でも単に教科書の内容を理解し，覚える勉強だけではなく，読書を始め演劇や音楽の鑑賞，講演会やシンポジウムへの参加など，さまざまな対話，多様な経験をさせることが必要になります。これまで勉強の邪魔になるとして排除し，無駄だと考えてきたことが，逆に大切になってきたと考えなければなりません。

　本校では，先生方も初めての経験なのでしっかり研鑽を積み，学校と家庭が協力し合って子どもたちに本当の学力を付けてあげたいと考えています。

説明・メッセージのポイント・留意点

● 「学力」についての考え方がどう変わってきたか。学力の定義がどうなっているかをしっかり把握して，保護者にわかるように説明しなければならない。

● 学歴偏重の入試競争と乱塾時代から，これまでになぜ「学力」についての考え方が変わってきたかを説明する必要がある。

　その際，PISA に関わる問題の解釈や，全国学力テストの結果の見方などについても説明できるようにしたい。

● 教科書の内容を理解させ，覚えさせたものが「学力」だという考えを払拭し，これからの「学力」「確かな学力」を的確に把握して，保護者の納得を得なければならない。

● 家庭学習については，単に教科書に関わる勉強だけではなく，多様な経験等の学習が有効であることを説明すべきである。

　これまで無駄だと考えてきたことが，多様な学習につながることをわかってもらわなくてはならない。

● 本校では，このような「学力」を付けさせるために，どんな努力をするつもりかを率直に説明することが必要である。

主体的・対話的で深い学び

文化学園大学名誉教授　　**野原　　明**
元NHK解説委員

> **Q41**　主体的・対話的で深い学びを実現する指導について，校長とし
> て，児童・生徒・教職員にどのように説明しますか。

説明・メッセージ実例

　改訂された学習指導要領には，これまでの学習指導要領にはなかった授業方法の改善について新しい考え方が示されています。それは，指導要領の総則の，「第3　教育課程の実施と学習評価」という項目の中に「1　主体的・対話的で深い学びの実現に向けた授業改善」として書かれているのです。

　日本の学校教育は，これまで教師が教壇に立ち，黒板と教科書を使って子どもたちに知識を教え込むという形がとられてきました。今度の指導要領では，そのような授業方法を改め，子どもたちが自ら考え，自ら学ぶ学習方法を実現しようとしていて，その方法を「主体的・対話的で深い学び」と呼んで紹介しているのです。

　「主体的・対話的で深い学び」とはどのような学び方なのでしょうか。まず，「主体的な学び」とは，一人ひとりの子どもが学ぶことに興味や関心を持ち，毎時間，見通しを持って粘り強く取り組むとともに，自らの学習をまとめ振り返り，次の学習につなげるといった学びをいうのです。

　「対話的な学び」とは，あらかじめ個人で考えたことを，意見交換したり，議論したりすることで，新たな考え方に気が付いたり，自分の考えをより妥当なものとしたりすることです。子ども同士の対話に加え，子どもと教員，子どもと地域の大人との対話，それに書物を通じて書いた人や歴史上の人物などとの対話を図ることを意味しています。

　そして，「深い学び」とは，事象のなかから自ら問いを見いだし，課題の追究，課題の解決を行う探究の過程に取り組む。精査した情報を基に自分の

考えを形成したり，目的や場面，状況に応じて伝え合ったり，考えを伝え合うことを通して集団としての考えを形成したりしていく。感性を働かせて，思いや考えを基に，豊かに意味や価値を創造していくなどを言います。

　このように，子どもは教えられたことを覚えるというだけの勉強ではなく，自ら考え，課題を見つけ，その課題を自ら解決する力を付けることが勉強なのだと言っているのです。

　教員の皆さんは，授業で教えたことをどれだけ覚えているかを試験で測るというこれまでの授業方法を改め，かつて経験のない授業を展開しなければなりません。これからは，「主体的・対話的で深い学び」の視点に立った授業改善を行うことで，学校教育における質の高い学びを実現し，子どもたちに学習内容を深く理解させ，資質・能力を身に付けさせて，生涯にわたってアクティブに学び続けさせることが求められています。このような授業を通して，知識・技能の習得，思考力・判断力・表現力の育成，学ぶ意欲と人間性の涵養という，3つの教育目標を実現していかなければなりません。

説明・メッセージのポイント・留意点

● 「主体的・対話的で深い学び」という言葉の意味をよく理解し，子どもたちにわかるよう的確に説明することが求められる。

● それらの意味を手短かに言うと，

• 「主体的」の意味は，学ぶことに興味や関心を持ち，見通しを持って粘り強く取り組み，自己の学習活動を振り返って次に繋げることを意味する。「自ら考え，自ら学ぶ」学習と基盤を同じくするものと考えてよい。

• 「対話的」とは子ども同士の対話や，子どもと教員との対話だけに止まらず，さまざまな書物の著者や歴史上の先哲などとの対話をも含むものであることを理解しておきたい。

• 「深い学び」とは，習得・活用・探究という学びの過程のなかで，各教科等の特質に応じた「見方・考え方」を働かせながら，知識を相互に関連付けてより深く理解したり，問題を見いだしたりて解決策を考えたり，思いや考えを基に創造したりすることだと考えたい。

● 前述の文章では，具体的な授業の進め方まで述べていないが，読者諸賢はこのページの意味するところを理解して説明の内容を組み立てて欲しい。

学力向上策の説明

個に応じた指導

元全国連合小学校長会会長　**寺崎　千秋**

Q42　算数については，個に応じた指導を進めるために，一部習熟度
別クラス分けをして授業を進めていますが，これについて，副校長と
して，保護者にどのように説明したらよいでしょうか。

説明・メッセージ実例

　平成2年度から全面実施となった教育課程では，子どもたち一人ひとりの
資質・能力を豊かに育むため，個に応じた指導を大切にしています。一人ひ
とりの持っている個性や資質・能力を生かしたり，伸ばしたり，育んだりす
るとともに，学習内容を確実に身に付けることができるようにするのが個に
応じた指導です。そのための方法として，個別学習やグループ別学習，繰り
返し学習，子どもの興味・関心に応じた課題学習，補充的な学習や発展的な
学習などを取り入れています。これらを効果的に行うため，先生方はティー
ム・ティーチングなどを取り入れ，学校全体が一つになり一人ひとりの子ど
もを大切にする指導を行っています。詳しくはプリントを後ほどご覧下さい。
　習熟度別授業とはこの一環で行う授業のあり方で，学習内容の習熟の程度
に応じた学習を進めるものです。本校では，算数の時間に，一部に習熟度別
授業を3年生以上の学年で取り入れています。算数で行うのは，子どもたち
が学習につまずきやすいことや，算数ぎらいが発生しやすいということがあ
るからです。したがって，子どもたちの学習の状況，算数の興味・関心や好
き嫌いなどを考慮して少人数のコース編成をします。コースの分け方につい
ては，指導内容に応じて基礎を確実に身に付ける「基礎コース」と発展や応
用に広げる「チャレンジコース」があります。分ける際には，まず子どもに
選択させます。そのうえで先生と相談してコースを決めるようにしています。
子どもから希望がある場合や先生の判断によりコースを変更することもあり

ます。「基礎でやり直したい」や「チャレンジしたい」などの声もあって，子どもたちも考えながら選択したり変更したりしているようです。

　基礎コースは担任，チャレンジコースは算数専科のA教諭が指導します。学年やクラス，指導内容によっては逆になることもあります。何よりも先生が一人ひとりに目をかけてきめ細かに指導する時間が確保できます。子どもたちからも「先生が自分のことをよく見てくれるので嬉しい」など好評です。

　いずれのコースでも，教師が一方的に教え込む授業ではなく，子どもが自ら課題を考えたり，学んだことを活用したり，学んだ結果を振り返ったりする主体的な学習や，他の子どもと考えを出し合い高めあったりする対話的な学習が充実し学びが深まるように指導を工夫しています。

　これからも，習熟度別授業が子どもたちにとって楽しく学びよく分かる学習となるよう工夫し，よりよいものにしていきたいと思います。

　それでは，ご質問等がある方は遠慮なくお出しください。

説明・メッセージのポイント・留意点

○習熟度別授業への保護者の期待や不安は個々の子どもに応じて違いがあることを踏まえておく。能力の高い子どもの保護者はよりレベルの高い指導を求め，学力に不安のある保護者は基礎・基本を確実に身に付けることを求めている。これらにしっかり応じるものであることを伝えるようにする。

○クラス分けをどのように行うのかを明確に示す。今日に至るまでの算数の学習状況，学習への興味・関心，好き嫌い，本人の希望などを考慮して分けていること。クラスの名称だと固定的に聞こえるので「コース」とし，選択やコース替えも取り入れていること。名称は「基礎」「チャレンジ」としたが，子どもたちにコースの名前をつけさせることもあること。

○指導者は担任教諭と算数専科（ＴＴ担当）の2名で指導し，コース担当は替わることもあることや，時にはクラス全体を2人で指導することもあるなど，子どもの学習状況に応じて弾力的に指導することも伝えておく。

○学習状況の評価は，担任と算数専科がそれぞれに指導の過程や成果を評価し2人で検討すること，子どもの自己評価も参考にすること。

○説明に当たっては，個に応じた指導の資料，学力・学習状況のデータやコース分けの解説図などを用意して，より分かりやすくなるように工夫する。

保護者からの苦情への対応・説明

授業への苦情

元全国連合小学校長会会長　　寺崎　千秋

Q43　M先生の算数の授業での説明がわからないと子どもが言っていると，何人かの保護者から苦情がありました。教頭として，保護者にどう説明しますか。

説明・メッセージ実例

　M先生の算数の授業に関して，先生の説明がわからないとお子さんが言っているとのご連絡をいただいた件について，教頭からご説明します。

　まずは，お子さんの学校での学習の状況について保護者の皆さんにご心配をおかけしたことについて，学校を代表してお詫び申し上げます。

　学校としては，まず，お子さんが「算数の授業での説明が分からない」ということがどのようなことかをクラスの子どもたちに聞いて確認しました。次に，M先生から，ご連絡いただいた点について実際にどのような説明をしたのか，保護者の声をどう受け止めているのかを聞き取りました。お子さんの「M先生の授業の説明が分からない」とはどういうことか，クラスの子どもたちに聞くと，「先生が早口で話すこと，使う言葉が難しいこと，よく分からないうちに次の学習に移っていくこと」ということでした。

　このことについて，M先生に聞くと次の答えでした。確かに自分は早口で気を付けているのだけれどつい癖がでてしまうということ。使う言葉がむずかしいということは，自分は算数が専門なので，これもつい上の学年の用語を使ってしまうこともあるかもしれないということ。よく分からないうちに次の学習に移るということは，「いいですか」と聞くと「いいです」という答えがあるので，大丈夫と思って先に進んでいるということでした。以上結論づけると，M先生なりに一所懸命やっているのですが，子どもたち一人ひとりをよく見ていないこと，評価をしながら学習を進めていないこと，一部

の子どもの反応だけで先に進めているなどの課題があることがわかりました。

　そこで，今後についてですが，以上の課題を解決して，子どもたちにとって分かりやすい授業をつくるために次のように取り組むことにしました。

○M先生は，授業での話の仕方を「ゆっくり・はっきり」を意識して話し，子どもたちが理解しているか反応を見ながら話を進めるようにすること。

○説明のなかの大切な言葉は教科書に載っている用語を使い，むずかしい用語を使わないように気を付けること。

○「わかりましたか」と聞いた後の子どもたち全員の反応をしっかりと見渡して確認したうえで，先に進めるようにすること。

○子どもたちには，分からないとき，はっきりしないとき，困ったときなどは遠慮しないで手を上げたり声を掛けたりして，先生に質問したり助けを求めたりするようにすることを伝え，クラスの約束にすること。

　以上のことを先生，子ども共々に確認し，子どもたちがわかる授業を進めていくことをお約束いたします。今後共ご理解，ご協力をお願いいたします。

説明・メッセージのポイント・留意点

○まずは，保護者の訴え，子どもへの思いや願い，求めていることなどに耳を傾けよく聴き取るようにする。いきなり言い訳を言うなどはしないこと。

○「よくわからない」という子どもの身になって共に考え，より良い解決を目指しましょうという姿勢を言動によって示すようにする。

○保護者の思いや願い，心配，どう解決してほしいのか等々のニーズを具体的に聴き取り，メモなどしてこれでよいか確認する。

○クラスの子どもたちは実際にどう受け止めているのかを確認する。「説明がわからない」とは何がどうわからないのかを聴き取るようにする。

○保護者からの申し出，クラスの子どもたちの声について，M先生がどう受け止めているかを聴き取り，本人の事実や受け止め方について明らかにする。本人がはっきりしなかったり納得しなかったりする場合は，実際に授業を観察して教頭の目で確かめるようにする。学年主任等にも意見を聴く。

○今後の授業に当たって説明がわかるようにするために配慮すること工夫することなどを話し合ってやるべきことを確認する。保護者には，今後の改善のための対応を具体的に伝え納得してもらう。

保護者からの苦情への対応・説明

いじめの通報

元全国連合小学校長会会長　寺崎　千秋

> **Q44**　自分の子どもがいじめにあっていると，保護者から通報があり
> ました。教頭として，保護者にどのように説明しますか。

説明・メッセージ実例

　この度は，お子さんがいじめにあっているというご連絡をいただき，ご心配をおかけしたことをお詫び申し上げます。電話でお聞きしたいじめの内容は，悪口を言われたり教科書などを隠されたりしたこと，また，発言するとみんなが笑うというようなものでした。また，何人かの名前も伺いました。これらをもとに，学校ではいじめ対策委員会で早速に調査し，いくつかのことが明らかになりましたので，ご説明します。

　まず，いじめについては，ご指摘のことが確かにありました。名前の上がった子どもたちに事実を確認したところ，そのようなことをしたけれど，いじめているつもりはなく，悪ふざけだったということでした。また，授業中にお子さんが発言したときに他の児童が冷やかしたり笑ったりしたことも事実でした。これもいじめているつもりはなかったということでした。

　つまり，子どもたちはいじめの認識がないということでした。このことは，学校として私たちは物凄く反省しました。これまでもいじめをなくすための研修を行い，実際に道徳や学級活動の授業などでいじめを取り上げて指導してきたつもりですが，子どもたちにはよそ事になり，自分のこととして受け止めていなかったことがわかりました。猛反省です。

　そこで，これからのことですが，次のようにいじめを無くす指導をしてまいります。まず，加害の子どもたちには，「君たちががやったことはいじめである」ことをしっかりと伝えるとともに，いじめとはどういうことかいじめの定義をやさしくしてしっかりと教えました。

　次に，クラスの他の子どもたちにも，からかい，冷やかしなどをすること，これらを見て見ないふりしていることはいじめであることを改めて確認しました。子どもたちはいじめがいけないことは知っていますが，実際にどうすることがいじめなのかをしっかりと認識していないようなので，いじめとはどういうことなのかを改めて指導し確認しました。

　また，本クラスだけでなく，学校の全クラスにおいても，いじめとはどういうことを言うのかその概念を改めて指導し，いじめをしない，いじめをさせない，いじめを許さないことを約束しました。

　今後は，道徳や学級活動の時間において，いじめの問題を取り上げて指導を学校全体で重ねていき，再びいじめが起こらないように努めて参ります。

　こうした学校の取り組みについては，全校保護者会の折に学校長から保護者の皆さんにお話しし，学校からいじめをなくす取り組みにご理解とご協力をいただけるようお願いする計画です。

　お子さんの学級では，担任教諭もご連絡いただいたいじめの事実に十分目がゆき届いていなかったことを反省しています。今後は，もっと子どもたちをよく見て指導していくことを確認しました。

説明・メッセージのポイント・留意点

○いじめられたという訴えがあれば，学校のいじめ防止等のための基本的な方針に即し，学校の対策委員会等で迅速に調査しいじめの事実を確認する。

○保護者からの通報があれば，学校側は複数の教員で対応し，教頭や生徒指導主事が同席して話を聴くようにする。

○いじめの訴えの事実を詳しく聴き取る。いつ，どこで，だれが，どのようなことを行ったのか。被害を受けた児童はどのような状況か，現在どうしているかなどを可能な限り詳しく聴き取るようにする。

○聴き取った事実をもとに学校の対策委員会を迅速に開き，今後の対応を決める。加害，被害，周囲の子どもなどからの事実の確認をだれが，いつ，どのようにやるか，加害の児童の保護者への対応をいつ，だれがどのように行うか。これからのスケジュールを立てて組織的・計画的に取り組む。

○説明に当たっては，学校の誠意ある取り組みから分かったことを伝え，今後の対応の仕方を具体的に説明し，お子さんを守ることを約束する。

子どもの生活の乱れへの対応・説明

生活の乱れへの対応

愛知県豊川市立三蔵子小学校長
前愛知県小中学校長会副会長　　井上　正英

Q45　最近，学校の子どもたちの言葉遣いや生活習慣が乱れていると
いう保護者の意見がありますが，教頭として，児童・生徒，保護者に
どう説明しますか。

説明・メッセージ実例

　子どもたちの言葉遣いや生活習慣の乱れについては，本校でも心配してお
り，大きな課題だと考えています。なぜなら，新しい学習指導要領がめざす
『生きる力』は，「確かな学力」「豊かな心」「健やかな体」の３つの要素で構
成されていますが，これらすべての育成に関わってくるからです。

　中でも「確かな学力」の思考力・判断力・表現力の基盤となるのが，言語
に関する能力です。つまり，言葉遣いの乱れは，知的活動やコミュニケーシ
ョンを支えるうえで，感性・情緒を育むうえで大きな障害になると考えます。

　また，生活習慣の乱れはそのまま学習習慣の乱れになるばかりか，生涯に
渡って学習習慣を確立できないことにつながっていく可能性もあります。さ
らには，「豊かな心」や「健やかな体」を育むうえでも，生活習慣の確立は
必要不可欠なものだと考えています。

　まず，言葉遣いの乱れについてですが，文化庁の国語に関する世論調査で
「子どもの言葉遣いに影響を与えるもの」として，ＴＶ（83.4％），母親（67.8
％），友達（62.5％），父親（61.6％），以下，漫画，インターネットと続く結
果が出ています。つまり，書いてある言葉ではなく話し言葉を聞くことが，
子どもに影響を与えるということです。この結果から，まず各家庭での会話
の在り方が大切だと考え，懇談会で個別の相談活動を行ったり，ＰＴＡの子
育て講座等で家庭での話し方について学んでもらったりしています。また，
学校が起点となって友だちとの関係が作られるわけですから，本校でも学級

活動や日常のさまざまな場面において指導をしています。そのいずれの場面
においても，絶対に使ってはならない言葉，相手の存在を否定する言葉，一
方的に罵倒する言葉などに対しては，目を見て厳しく叱責することもありま
す。基本的な方針としては「もしもそれを自分が言われたらどんな気持ちに
なるのか」「なぜそんな言葉を使ってしまったのか」「本当はどんなことを相
手に伝えたかったのか」「どう言えばよかったのか」を，落ち着いて考えさ
せることが大切だと考えています。

　生活習慣の乱れについても，SNSによる人間関係のもつれや問題行動，
昼夜逆転や不登校などに関わる事例が本校にもあります。また，心身の発達
面からも，睡眠不足が引き起こす成長の遅れや食欲不振，注意力や集中力の
低下，多動・衝動行為なども心配されます。先の言葉遣いの乱れ同様，学校
と家庭が連携して取り組んでいかねばならない喫緊の課題だと考えています。

説明・メッセージのポイント・留意点

　令和2年度から小学校，令和3年度から中学校で新学習指導要領が完全実
施されるため，言葉遣いや生活習慣の大切さの根拠を「生きる力」に求めた。
さらに文化庁の平成12年度「国語に関する世論調査」（※）から「子どもの
言葉遣いに影響を与えるもの」として，家庭で耳にする話し言葉の影響を強
調したが，けっして学校側がその責を逃れようとする意図ではない。しかし
ながら，家庭の保護者抜きにしてこの問題が解決されるとは思えない。家庭
での乱暴な言葉遣いの実態や，4人に1人が親から言葉遣いを注意されたこ
とがないといった調査データ（※）もある。言葉遣いにしろ，生活習慣にし
ろ，学校と家庭，この狭間に立って説明を組み立てることが肝要である。

　また，子どもは自分の世界を広げるとき，良いも悪いもいろいろな言葉，
局面に遭遇する。大切なのは，良いものも悪いものもたくさん見たうえでそ
れぞれの付き合い方を覚えること，大人側からすれば悪いものに制限をかけ
ることではなく，その付き合い方を教えることこそ大事なのだという姿勢で
あろう。人生を生き抜いていく子どものためにも「言葉遣いは心遣い，あな
た自身の人柄，品格を表現しているのだ」ということを，理解させたい。

　本稿では，主に言葉遣いに力点を置いて述べてきた。生活習慣，とくに
SNSに関する説明等はQ46に譲りたい。

子どもの生活の乱れへの対応・説明

SNSへの対応

愛知県豊川市立三蔵子小学校長
前愛知県小中学校長会副会長　　井上　正英

> **Q46**　何人かの保護者から，生徒の間でSNSに夢中になって学習の
> 妨げになったり，非行化の原因になったりしている実態があるが，学
> 校としてどのように考えているかと相談がありました。教頭として，
> 児童・生徒，保護者に学校の対応をどのように説明したらよいでしょ
> うか。

説明・メッセージ実例

SNSは，自らの表現の場であったり，交友関係を広げていく場であった
りと多くのメリットをもっています。しかし，プロフィールの作成，文章の
公開，コメントの付与，写真や動画の公開，グループ化，友人紹介などの機
能が，誹謗中傷やいじめの温床になったり，事件や犯罪に巻き込まれるきっ
かけになったりするデメリットももっています。

ご指摘のとおり，ネット依存症と呼ばれるような状況から生活習慣が乱れ，
学習が手につかなくなったり，非行化につながったりする場合も考えられま
す。本校としては，生活実態調査などを通してケータイ・スマホの所持率を
把握し，校内への持ち込み禁止はもとより，とくにPTAと連携して，次の
ような家庭でのルールづくりと実行を推奨しています。

(1)　どんな時に使うのか，どんな時には使わないのか。

　①利用は一日（　）分まで，②家ではリビングで使う，③充電器はリビン
グに置く，④夜（　）時以降は使わない，⑤食事中やお風呂では使わない。

(2)　やってはいけないこと，やらなくてはいけないこと

　①自分や人の個人情報を書かない，②悪口を書かない，③むやみに返信や
登録・ダウンロードをしない，④知らない人からメールがきたら親に報告す
る。

(3)　契約するうえでの約束

①勝手にパスワード設定しない，②いつでも親が見てよい，③料金が
（　　）円を超えた分は小遣いで払う，その翌月は使用禁止

ルールは実行できなければ意味がありません。PTAで統一すべき部分を踏まえながら，各家庭の環境に合わせて，子どもと話し合いながら，無理のない具体的なルールづくりをお願いしています。現実社会でやってはいけないことは，SNSでもだめであるという基本的なマナーを意識させています。

また，SNSの問題は，人権侵害や著作権，個人情報等，法的な問題にも関わるため，学級活動や道徳科の授業で取り上げています。万が一，トラブルに巻き込まれたときの相談窓口についても複数紹介しています。

子どもが被害者だけでなく加害者になってしまうのがこのSNS問題の特徴です。われわれ大人が一致団結して，子どもを見守っていきましょう。

▐ 説明・メッセージのポイント・留意点

教頭として説明するにあたり，SNSの功罪など，一般論を理解しているだけでなく，最低限の実際の経験が必要である。とくに，子どもや保護者が指摘するSNSの種類（TWITTER，LINE等）やその内容については目視して確認すべきである。さらに，自校のデータやPTA活動の実際はもとより，最新で確かな情報から説明できるよう，内閣府や警察庁・総務省・文部科学省など信頼性のある機関の資料を把握しておきたい。

また，保護者に対して学校の授業や指導の内容，PTAの活動内容が十分伝わっていない場合がある。学校を含め，情報発信側の問題とも言えるので，この点には十分留意して言葉を選びたい。

SNSは，安全に正しく使用すれば役立つ便利なものであることや，いじめに遭いSNSによって救われた事例もあるため，SNSを悪者扱いしない立ち位置も大切である。さらには，SNSによるトラブルがあったとしても，そこから考え，きちんと立ち上がることこそ大切であるという姿勢を伝えたい。また，相談窓口としての学校や保護者はもとより，身近な関係機関の相談窓口の存在を子どもに知らせておきたい。

教師，保護者ともども，われわれ大人がいかに同一意識，同一行動で子どもの環境を整え，この問題に向かっていくべきかを丁寧に伝えたい。

緊急事態時の子どもへの説明

元全国連合小学校長会会長　**寺崎　千秋**

Q47　朝礼で，学校の緊急事態を説明する場合，校長としてどのように説明したらよいでしょうか。

説明・メッセージ実例

今朝は，新型のウイルス感染症が発生したことについて話します。

外国で発生した新型のウイルスによる感染症が国内にも伝染し，さらに学校のあるこの地域でも発生しました。そこで皆さんに幾つか気を付けてほしいことを話します。以前，新型コロナウイルスの感染症で学校が長い間休業したことがありましたね。そのことを思い出しながら話を聞いてください。皆さんの健康を守り学校を休みにしないための大切な話です。

一番大切なことは新たな感染症のことを「正しく理解し，冷静に行動すること」です。「正しく理解する」ということは，新型ウイルスがどのようなものなのか，どのようにすれば自分たちの身を守れるかを知ることです。

ウイルスはとても小さくて顕微鏡で見なければ見えません。私たちの唾液，ツバなどに乗って他の人に移ります，移った人が触ったものに次の人が触ると移ることがあります。ですから，移らないようにするためには，三つの密を避けることです。これを見て下さい（三つを絵図で示す）。

第一は，密閉をさけること。窓などを開けて空気を入れ換えることです。

第二は，密集をさけること。大勢が集まらないようにすることです。

第三は，密接をさけること。近い距離で話をしたり大声を出したりしないことです。この三つはコロナウイルスのときも気を付けましたね。これらは一人ひとりがしっかりとやり，みんなで気を付け協力することが大切です。

「冷静に行動する」ということは，ウイルスのことを正しく知ったうえで，三つの密に気を付けながら自分や友だちと行動することです。自分の身を守

るための大切な行動が手洗いです。手洗いをしっかりとやることでウイルスを取り除くことができます。学校に着いたとき，休み時間が終わったとき，給食の前，お家に帰ったときなどにしっかりと手洗いをしましょう。また，マスクをすることも大切です。とくに，人に移さないためにはマスクが必要です。そして，咳エチケットもしっかりとやりましょう。こうした努力をしていても感染症にかかってしまうことがあります。その場合はすぐに病院に行って治してもらいます。自分の体がいつもと違うなと思ったら，お家の人や先生にすぐ相談して下さい。

　コロナウイルスのときに困ったことが起きました。それは，感染した人やそれを治すために努力したお医者さんや看護士さんに対して酷いことを言ったりやったりした人がいたことです。一所懸命に人々のために働いている人を傷つけるようなことをしたり言ったりするのは悲しいことですね。誰もが自分が大切ですが，人のために自分の命を省みずに一所懸命に働く人々を悲しませるようなことを言ったりしたりすることは止めましょうね。

　以上が，今心配されている感染症を「正しく理解し冷静に行動する」ことについての話です。皆さんのことは，お家の人，先生，そして地域の人，保健所や病院の人々などの大人たちが守っています。ですから，3密を避け，手洗いやマスク等をしっかりとやって学校生活を楽しく過ごしてください。

説明・メッセージのポイント・留意点

○ 何のメッセージか具体的に明確にわかるように，模造紙に大きく書き出したり，チラシを配付したりして，重要なことだと認識できるようにする。
○ どのようなことが心配されるのか，具体的に説明する。
○ 心配なことだけでは，不安や場合によっては恐怖感を煽ることになるので，どのようなことに，どのように注意すれば，自分たちの身を守れるかについて具体的に明確に伝える。
○ これまでに授業や訓練などで学習したことを想起させ，自分たちは対応の学習をしてきたことを確認し，それを自分たちでやってみることを伝える。
○ 具体的に注意することを簡潔に三つ程度に絞って提示する。
○ 自分たちのことは，保護者，学校・先生等，地域の人々，保健所や病院などの多くの人が守ってくれていることを認識し安心できるようにする。

朝礼での説明

朝会講話

元全国連合小学校長会会長　**寺崎　千秋**

Q48　朝会で行う校長講話における校長メッセージは，どのように伝えたらよいでしょうか。

説明・メッセージ実例

　皆さん，おはようございます。今年初めての朝会のお話です。私は，毎週一回，月曜の全校朝会でお話をすることになっています。全校朝会での校長先生のお話とは何でしょう，何のためにするのでしょう。どう思いますか。今日のお話は「全校朝会の校長のお話とは何でしょう」という話です。

　この学校は「考える子ども」「元気な子ども」「思いやりのある子ども」の三つの教育目標を立て，皆さんが成長することを目指しています。これは，先生方やお家の人，地域の人々の皆の願いでもあります。教室にはこの目標を受けた学年の目標が掲示されていますね。皆さんがその目標に示されている子どもに育つように，私はこの三つの目標について話をしようと思います。

　一つは「考える子ども」についてのお話です。そもそも「考える」とはどういうことか，なぜ大切なのか考えたことがありますか。先生やお家の人は，皆さんが何かするときに「よく考えなさい」というでしょう。何かをするということは決めることであり，判断するということです。考えて判断して何かをする，行動する。これは人間の素晴らしさです。他の動物は人間のようにはできません。では，どうすればよく考え，判断し，行動できるのか。このことについて，いろいろな出来事や人々がやってきたことなどから，お話をしていっしょに考えてみたいと思います。

　二つ目は「元気な子ども」についてのお話です。皆さん，いつも元気ですか。そもそも「元気」とはどんな姿でしょうか。世界中の人々の健康を考えているところを世界保健機構，WHOと言います。WHOは，体，心，世の

中という三つの面からの健康が大切と言っています。体だけではないのですね。体や心，世の中の元気について，どんなことが元気というのか，どうすればみんな元気になるのでしょうか。学校や世の中の出来事などから元気について考え，みんなが元気になるお話をしてみたいと思います。

　三つめは「思いやりのある子ども」についてのお話です。「思いやり」とはどんなことでしょうか。そうです。「思いやり」とは皆さんの心の働きですね。家族や友だちなど相手の気持ちになって心を働かせ，見守ったり何かをしたりすることです。では，なぜ大切なのでしょうか。どうすることが「思いやり」となるのでしょうか。学校や町の中で起きるいろいろな出来事や人々の関わりなどから「思いやり」を一緒に考えていきたいと思います。

　以上，主に三つのことについてお話しします。お話を聞いて一緒に考えて下さい。そして，感想や意見があるときには書いて校長室前の感想箱に入れて下さい。直接お話しに来てもいいですよ。話は短く，楽しく，心に残るお話をするように工夫し頑張りますので，宜しくお願いしますね。

説明・メッセージのポイント・留意点

○ 講話のテーマ・主題を「……について話します」「……の話をします」等と簡潔にして伝える。何の話なのか分からないままに話すことは避ける。馴染みのない言葉や用語などがある場合は，文字に表して示すようにする。

○ 講話の時間を長くしない。引き延ばさない。朝会の時間は限られている。講話の他にも生徒指導や表彰等もある。子どもは長話はきらいである。3分間一本勝負と言われるように3分程度にし，引き延ばすことはしない。

○ 教育課程に即した講話内容となるようにする。学校の教育課程は教育目標の実現に向けて意図的・計画的・組織的に教育内容が編成されている。校長講話も学校行事の朝会の一内容として行われる。したがって，これらと離れて勝手な校長の思いだけで独りよがりの話をするのではなく，教育目標の実現に向けた教育課程と関連付けた講話となるように工夫する。

○ 子どもたちの発達段階，興味・関心を考慮した内容や話し方，伝える方法などを工夫する。聞いたことは忘れる，見たことは覚える，やったことは理解すると言われるように，時に子どもたちとの対話を取り入れたり，映像を流したりなど，短い時間のなかでもこころに残るように工夫したい。

臨時休業の説明

元全国連合小学校長会会長　**寺崎　千秋**

Q49　感染症の拡大により，学校の臨時休業を行う場合，校長として，職員朝会でどのように説明したらよいでしょうか。

説明・メッセージ実例

　新たな感染症が拡大したことにより，学校は明日から臨時休業することになりました。本日は，子どもたちに休業の説明をし，できるだけの準備をして給食後に学年別に下校をします。また，保護者には説明と協力依頼のプリントを用意しますので必ず配付して下さい。まことに急なことですが，過去の新型コロナウイルスによる臨時休業の際の取り組みを思い起こし，その際の記録を生かし，机上に配付したプリントの内容に従って取り組むので，よく確認し遺漏のないようにお願いします。

　休業期間は，明日から1ヵ月です。この間の登校予定は現在のところはなしで家庭での学習・生活となります。状況によって変わることもあります。

　子どもたちへの伝え方です。明日から1ヵ月，学校はお休みになること，自宅で家庭学習をすること，先生から出される学習課題に取り組むこと，配付されているタブレットを持ち帰ってオンライン学習を行うこと，学習の進め方は一週間分を本日説明し，その後はオンライン等で伝えることなどです。

　生活に関しては，密閉，密集，密接の3密を避ける，マスクの使用，手洗いの徹底，不要不急の外出はできるだけ避ける，運動不足にならないよう公園等で時間を限って運動するなどに努めること。学校の生活時程に習い家庭生活の時程表を配布し，帰りまでに各自作成すること。時程には，朝の会，昼の会，午後の会など，可能な範囲でオンラインで行うようにし，規則正しい生活づくりの節目となるようにします。いつ，どのように行うかは，各学年で相談し発達段階に応じた計画にして下さい。

　保護者への連絡です。保護者への連絡は，休業の期間及びその間の学習の進め方，生活指導などにつてお知らせし，協力を要請します。内容は前回の新型コロナウイルスの際の連絡事項を参考にしプリントして伝えます。保護者は前回の経験もあり，比較的冷静に対応すると思われますが，またか，という思いもあると考えられます。本日，急ですが，ＰＴＡの役員に連絡をとって学校の取り組みを説明し，ご意見をいただき，間に合うものは生かし，後はその後で協力していくようにしたいと考えています。個々の家庭等の相談事の扱いなどについては，午後の職員会で検討します。

　以上の事項について，各学年で相談して学習面，心の面，体力・健康の面に関する具体的な事項を保護者に学年通信で伝えて下さい。

　なお，教職員の対応については，これも前回に準じることになりますが，詳しいことは子どもたちが下校し安全が確かめられた後に改めて職員会を開いて今後のことについて連絡し共通理解を図るようにします。

説明・メッセージのポイント・留意点

○緊急の臨時休業を職員朝会という限られた時間の中で重要事項や取り組み方を伝えるため主な内容をプリントにして間違いなく伝わるようにする。

○臨時休業とは何か，なぜ行うのか，その根拠は何かなどや，休業の理由，背景，期間などを伝えて，共通理解を図るようにする。

○国・教育委員会から求められている要請に従い，学校としてどのように対応するかについての具体策は，前回の新型コロナウイルスの際の経験や記録を生かして具体的に見通しがたつように示すようにする。

○学校としての対応について，学習が遅れないようにすることへの指導と配慮，心の面の不安への配慮や対応，体力低下や不健康な生活とならないようにするための配慮や対応などを学年通信に示すようにする。

○学校としての今後1ヵ月の取り組み方について，子どもたちの下校後の職員会で検討することを伝える。その際，教務，生徒指導，保健部，渉外等，前回の記録をもとにどのように対応するかを可能な範囲で考えておくことを伝える。

○最後に，教師は学級での説明を冷静に行い，子どもたちの不安感を煽ることのないよう十分に配慮することを求めるようにする。

下校時の安全説明

元全国連合小学校長会会長　**寺崎　千秋**

Q50 下校時に担任教師が，児童を居残りさせて，なかなか学校から帰宅させないと複数の保護者から指摘がありました。教頭として，保護者にどのように説明したらよいでしょうか。

説明・メッセージ実例

「担任の先生がお子さんを居残りさせてなかなか下校させない」というご指摘について，私，教頭からご説明申し上げます。

まず，子どもたちがなかなか帰って来ないということで，ご心配をおかけしたこと，学校としてお詫び申し上げます。申し訳ありませんでした。

私の方から，残された子どもたちがこのことについてどう思っているのかを聞き取りました。その結果，半分の子が「特に気にしていない。残って友だちと一緒に活動するのが楽しかった」，半分の子が「残されるのが嫌だった。帰ってから塾などの予定がある」などの声でした。

担任の先生に「なぜ残したのか」「何をしていたのか」「居残りの届は出していたのか」などを問いただしました。残した理由は，「授業で終わらなかった作業を最後まで仕上げたかった」「そのため，作業の続きをやっていた」「居残り届は出すのを忘れていたことが多かった」ということでした。また，「子どもたちも楽しんでやっていると思って続けたが，保護者にご心配をお掛けしたことは申し訳ない」と申しておりました。

下校後の居残りについての学校の規則は，学校の下校時刻を過ぎる場合は「居残り届」を提出して管理職の許可を得ること，保護者に事前連絡し居残ることの承諾を得ること，終了後は下校中の安全確認をし帰宅したことを確認すること，その旨を管理職に報告すること，となっています。今回，先生はこれを怠っていました。また，子どものためという思いが強すぎて，子ど

もたちのなかにはいやだと思っている子もいることについての配慮も足りませんでした。学年主任に聞いてみると，居残りが長いので注意したこともあったとのことでした。これについては，管理職への報告がなく，私どもも見逃していた責任があると思います。申し訳ありませんでした。

　今後については，授業の計画や進め方をもっと検討し，授業時間内で作業が終わるように工夫すること，終わらない場合は家庭学習にすることをあらかじめ伝え，無理のないようにして持ち帰りにするようにします。居残りは子どもたちの負担や安全面からもできるだけしないようにすること。居残りをする場合は，学校の規則にしっかりと準じて行い，保護者のみなさんの了解を得ること，子どもたちの気持ちもきちんと汲み取って，快く参加するように配慮することなどを担任教諭と確認しました。

　以上のことに十分に注意し，今後はご心配をおかけすることのないようにすることをお約束いたします。どうぞご理解のほど宜しくお願い致します。

■ 説明・メッセージのポイント・留意点

○訴えのあった「居残り」の事実について，当該児童からその事実やそれについてどう思っていたか，遠慮のないところを聞き出して，その結果を事実として保護者に伝えるようにする。

○学級担任からは，居残りさせたことについて，いつ，どのくらいの時間，どのような内容，終了時刻，下校の安全確認，保護者への連絡，学校への届出などについて，具体的に聞き取り，その事実を保護者に伝え，熱心な指導をしていたが，配慮に欠けていたことをお詫びするようにする。

○学年主任等から，居残りの事実と届出をしていなかったことを知っていたか，注意はしたのか，管理職への報告をしたのかを確認する。これらの事実を伝え，学校としての安全確認に欠けていたことをお詫びする。

○明らかになった事実を整理して，保護者に具体的に説明する。担任の先生は，子どもたち一人ひとりの気持ちに沿っていなかったこと，自分の思いだけで突っ走ってしまったことなど，配慮が足りなかったこと，そのために結果として保護者に多くの心配をおかけしたこと，これらのことを学校として深くお詫びするとともに，今後の対応，再発防止策について誠意を持って伝えるようにする。

教育活動中の事故についての説明

理科の実験中の事故

元大阪府教育長　**浅野　素雄**

Q51　理科の実験で子どもがふざけていて，アルコールランプが倒れて子どもがやけどを負いました。教頭として，保護者にどのように説明したらよいでしょうか。

説明・メッセージ実例

　学校における教育活動中の事故のうち，理科の実験中に関するものが事故全体の40％近くを占めるといわれています。ある調査によれば，このうちの半数近くがアルコールランプやガスバーナーによる事故だとされます。具体的には，着火時の事故が多い。最近は家庭の調理器具の進化により，マッチやライターなどで着火する器具が減っていることもあって，アルコールランプやガスバーナーの着火にはとくに注意を要します。

　このような事故を防止するためには，担当教員の適切な指導がなければなりません。中学校においては，理科担当教員が実験を含む理科の授業を担当するとともに，実験のための施設・設備を有する理科室の管理を担当しています。しかし，小学校においては高学年においても，教科の授業も学級担任制を採用する傾向が強く，いわんや理科の専科教員が配置されている例はごく稀でしょう。この際，小学校も高学年は，理科実験中の事故防止の観点からも教科担任制の採用が望まれます。

　本問は，理科実験中子ども（小学校の児童であろうか）がふざけてアルコールランプを倒したという設定になっていますが，このことは理科の指導の根本にかかわる問題であると言わざるを得ません。

教頭（副校長）の保護者に対する説明

　このたび，お宅のお子さんであるＡ君が理科の実験授業中，点火されていたアルコールランプをひっくり返し，その炎で腕にやけどを負いました。幸

い，やけどは大事には至らず，保健室での処置ですみました。学校としては，今回の事故の原因がどこにあるのか，現在調査しておりますが，A君本人の挙措動作もさることながら，児童を指導する教員が児童の行動に目配りをして，実験中の事故防止にもっと注意すべきであったと考えております。その意味で，指導不十分であった学校の指導についてお詫び申し上げます。今回のことは何卒ご寛恕賜りますようお願い申し上げます。

　学校といたしましては，今回のような事故を防止すべく指導に万全を期して参りたいと考えております。

　以上のような保護者に対する教頭（副校長）の説明は，本人の自宅に赴いて行うことを原則とします。

説明・メッセージのポイント・留意点

　本問の事故は，小学校高学年の理科の実験授業中に発生したことを想定してメッセージを作成した。上記の説明でも述べているように，最近はいずれの家庭でもマッチを使用する機会が皆無に近く，子どもにとってはマッチを擦ること自体面白いことであるので，理科の実験においては，アルコールランプの使用について，事前の指導を適切に行っておく必要がある。とくに，比較的経験の浅い教員にはこのことを十分理解させておくことが大切である。その意味で小学校の高学年においては，学級担任制による授業を，教科担任制に切り替え，理科の授業は実験を含め理科担当が行うよう推進したい。教科担任制は，理科のみならず，外国語はもとより算数・数学においても効果を示すものと思料する。

メッセージのポイント

　①小学校の理科の教育と実験の重要性を述べるとともに，今回の事故の原因がどこにあったかを詳しく説明するなど，事実関係を説明する。②教員の指導の在り方を今後検討し，事故が二度と起きないよう十分留意する。

留意点

　小学校児童にとって理科の実験は興味深いものであるが，アルコールランプやガスバーナーの点火は危険を伴うものであるので，適切な指導を十分行わなければならない。

　教頭（副校長）の説明は，児童本人の自宅に赴いて行う。

教育活動中の事故についての説明

体育の時間の事故

元大阪府教育長 **浅野 素雄**

> *Q52* 体育の時間にサッカーゴールが倒れ，生徒が下敷きになり怪我
> をしました。校長として，保護者にどう説明したらよいでしょうか。

説明・メッセージ実例

　学校における体育の授業中事故が発生し，児童・生徒が怪我をすることは珍しいことではない。Q52 の例では，「授業中にサッカーゴールが倒れ，生徒がその下敷きになってけがをした」という設定になっています。体育の授業や運動部活動は，施設・設備を活用して行われるものであり，活動を指導する教職員や児童・生徒がともに施設・設備の安全確認を行うことが大切です。また，活動時には一定の禁止事項や制限事項が必要でしょう。本問のサッカーゴールは移動式と思われますが，その点検・管理は適切に行われていたのか，生徒の怪我はどの程度なのか等，いずれも記載がないので不明ですが，ここでは，「倒れたゴールが生徒の足にあたって骨折した」という前提で記述しました。

校長の保護者に対する説明

　事故の発生と同時に，現場に養護教諭が急行し，怪我の状況を骨折と見定め，救急車を手配し養護教諭が同行して病院に搬送，治療を受けました。同時に怪我をした生徒の保護者に連絡し，事情を簡単に説明し，病院に急行するよう依頼しました。

　後日，保護者を学校に招き，授業担当の体育科教諭同席のうえ，校長から謝罪するとともに，事故が発生した当日の状況，学校の対応，今後の方針等について説明しました。

　「このたびは，体育の授業中指導不行き届きにより，サッカーゴールが倒れ，それがお宅のご子息の足に当たり骨折されたことをお詫び申し上げます。

学校としましては，校内の施設・設備，とりわけ体育活動にかかわる設備・器具の安全点検・確認のほか，使用時における禁止事項や制限事項を設けまして，十分注意して参ったところでありますが，今回，このような事故が発生し誠に遺憾に存じます。幸い怪我の程度は比較的軽く済み，快方に向かっているとお聞きし，安堵しております。学校としましては，学校全体の安全管理にいっそう努めますとともに，指導を適切に行うなど，教育活動の振興に力を注いで参りたいと存じておりますので，いっそうのご協力をいただきますようお願い申し上げます。」

説明・メッセージのポイント・留意点

　本問は，学校における体育の授業中に発生したサッカーゴールの転倒により，生徒の一人がその下敷きとなり怪我をしたことに関する事故についての対応を問うものである。

　学校における体育の授業，運動部活動は，事故を伴いやすい活動であるから，平素から安全確保を心がけ，児童・生徒の身体や疲労の状況をも確認して指導すべきものである。また，活動に関係する施設・設備の点検，安全確認に努めるとともに，活動内容や活動方法の検討，一定の禁止事項や制限事項を設けることも必要である。このような点検や確認，指導の不十分さが事故の要因になっていることを確認することがきわめて重要である。

メッセージのポイント

①　学校，とりわけ中学校は，血気盛んな生徒の集団であるので，各種の事故が発生しやすい環境にある。このため，学校の施設・設備の安全確認や安全点検は重要であるが，とりわけ体育活動に必要な設備・器具の安全確認に意を用いなければならない。

②　一旦事故が発生した場合には，速やかな対応が求められており，生徒の生命，身体に影響が及んでいる場合は，養護教諭のほか手空きの教職員を動員して対応にあたらせるとともに，要すれば救急車や病院の手配を行う。

留意点

　校長は，怪我をした生徒の保護者をできるだけ早い機会に学校へ招き，事故の状況，学校の安全点検状況のほか，指導の実情について説明し了解を求めるとともに，今後の協力を依頼する。

運動会での事故

元大阪府教育長　**浅野　素雄**

Q53　運動会において組み体操による落下事故が起こり，児童が大怪我をしました。校長として，保護者にどのように説明しますか。

説明・メッセージ実例

組み体操（組立体操）は，古くから世界各地で行われてきた運動競技の一種ですが，最近，我が国においても学校の運動会において団体競技として採用されるようになりました。しかも，その高さを競う傾向の高まりから，転落事故が続発し問題になるようになりました。財団法人日本スポーツ振興センターの災害共済給付資料によると，昭和44年以降，組立体操による事故は死亡事故2件を含み，数多くの事故が発生しています。この傾向は最近になっても変わらず，しかも小学校において事故が多発していますが，このことは，本項目の内容からも推測できます。

小学校の児童は体力の充実が十分でない傾向が強く，無理に組立体操を実施しようとするところに問題が潜んでいます。なかには，組立体操の本番ではなく練習中に事故が発生しています。事故の原因にはいろいろあります，小学校には体育の専科教員の配置が少ないことも関係しているものと思われます。この際，運動会における組立体操は実施しないという，校長の決断が必要でしょう。

校長の保護者に対する説明

運動会の演技の一種である「組立体操」実施中，落下事故により一部の児童が大怪我をしたのですから，保護者に対する説明は怪我をした児童の保護者に対する説明とともに，保護者全体にも説明を要します。

1　負傷した児童の保護者に対する説明

組立体操実施中に発生した事故への対応は，基本的にQ52の場合と変わ

— 112 —

らないが，怪我の状況が小康を得た段階で保護者を学校に招き説明します。

　「このたびは，運動会における組立体操実施中に事故が発生し，ご子息が落下事故により大怪我をされたことにつき，お見舞い申し上げますとともに，学校の指導が十分でなかったことを深くお詫び申し上げます。①今後は学校教育の一環として「組立体操」を実施しないことといたします。②児童を指導する教職員の指導力を高めるべくいっそう研修に努めたいと存じます。③事故の発生により，ご心配をお掛けしましたが，本校の教育活動にいっそうのご理解とご協力をお願い申し上げます。」

2　保護者全員に対し保護者会開催時に説明

　「皆様ご承知のように，運動会において「組立体操」を実施中，落下事故が発生し，一名の児童が大怪我をいたしました。幸い怪我の程度は思いのほか比較的軽く済み，本日，現在なんとか登校できるまでに回復いたしました。保護者各位には，何かとご心配をお掛けし申し訳なく存じます。私としましては，学校全体の事故防止にいっそう留意するとともに，「組立体操」は今後実施しないことを決断いたしました。何かとご心配，ご迷惑をお掛けしますが，本校の教育活動につき，いっそうのご理解，ご協力を賜りますようお願い申し上げます。」

説明・メッセージのポイント・留意点

メッセージのポイント

①　校長の保護者に対する説明は，怪我を負った児童の保護者と保護者全員に対するものを別々に行う。

②　いずれも事故に関する説明及び「組立体操」廃止の決意を述べる。

留意点

　衆人環視の運動会において，大きな事故が発生したのであるから，学校の責任者として，校長はこれまでの教育活動を見直し，何事にもリーダーシップを発揮するよう努めなければならない。今回の問題に限らず，校長は所属教職員の意向を尊重するあまり，自ら判断しようとせず，過去の組合運動の名残を引き摺り，教職員全体の考えに迎合しようとする傾向があるのではないか。校長は，学校の責任者として，何事にもぶれることなく毅然とした態度が必要であろう。

教育活動中の事故についての説明

学校事故の防止

元大阪府教育長　**浅野　素雄**

Q54 　学校事故を未然に防ぐため，学校は，どのような対策を進めていますか。校長として，児童・生徒，保護者にどう説明しますか。

説明・メッセージ実例

　学校安全に関しては，学校保健安全法に，学校安全に関する設置者の責務（26条），学校における安全計画の策定（27条），学校環境の安全の確保（28条），危険等発生時対処要領の作成等（29条）及び地域の関係機関等との連携（30条）が定められています。

　また，平成28年には，文部科学省から，「学校事故対応に関する指針」が発せられており，学校の管理下におけるさまざまな事故や不審者による児童・生徒等の切りつけ事件，自然災害に起因する死亡事故など，学校で発生する重大事件・事故災害に対応する安全確保の在り方について詳しく述べられています。

　学校においては，これらの法令・指針に基づく各種の対策を講じ，児童・生徒や教職員の生命や心身の安全が確保されなければなりません。

学校の事故防止対策

　①教職員の資質向上のための研修の実施（事前，発生時，事後における危機管理について），②危機管理マニュアルに基づいた訓練の実施，③校内の安全管理の徹底

安全教育の充実

　児童・生徒に対し，①日常生活における事件・事故や災害等の現状，その被害の実態に対する理解，②事故に直面した場合の対処・とるべき行動，③危険の予測，④自他の生命の尊重，学校，家庭，地域社会の安全活動への参加・協力などの理解や態度の育成を図ります。

児童・生徒に対する説示

　児童・生徒の全校集会において，校長は，学校における各種事故の発生に備え，児童・生徒がとるべき態度・行動の在り方について，詳しく説示します。小学校においては，児童の理解度を考え，低学年と高学年を別々に説明する必要があるでしょう。いずれにしても，学校において緊急の事態が発生した場合には，教員の指導に従って行動するよう指導します。

保護者に対する説明

　年度当初の保護者会において，校長から学校事故の防止及びその対応について詳しく説明します。

　①学校の管理下における児童・生徒の事故等が発生した場合の取扱いについて，②登下校時における児童・生徒の安全確保について，③学校の施設・設備の安全管理及び点検について，④本校の危険等発生時対処要領（危機管理マニュアル）について，⑤教職員の対応の在り方について等

説明・メッセージのポイント・留意点

　学校の危機管理の目的は，児童・生徒や教職員の生命や心身の安全を確保することにある。また，児童・生徒が生き生きと学習や体育活動を行うためには，児童・生徒の安全確保が最優先の課題である。

　学校においては自然災害による事故のほか，学校管理下においても重大な事故や災害が多発する傾向がある。学校管理下における事故を防止し，児童・生徒の安全を確保し，あわせて心のケアに努めることが求められている。

　平成21年4月には，従来の学校保健法が改正され，学校保健安全法が施行された。この法律には，各学校において安全に係る取り組みが確実に実施されるよう，いくつかの規定が定められている。さらに，平成28年3月には，文部科学省から「学校事故対応に関する指針」が出され，学校の安全確保の在り方が具体的に示された。

留意点

　新型コロナウイルスの流行拡大により，日本中の学校が教育活動の停止に追い込まれた。児童・生徒がコロナウイルスに感染し，死亡したとの報道は寡聞にして知らないが，学校再開後の教育活動の在り方については児童・生徒の心のケアの問題を含め，安全確保を第一に展開しなければなるまい。

教員の働き方改革への対応・説明

教員の働き方改革

元大阪府教育長　**浅野　素雄**

Q55　教員の働き方改革について，校長として，保護者に説明し理解を得るためには，どのような点に配慮する必要がありますか。

説明・メッセージ実例

　学校の働き方改革については，平成31年1月，中央教育審議会から答申があり，同年3月には「学校における働き方改革に関する取組について」文部科学事務次官通知が発せられています。

　この問題については，昭和46年の公立学校教職員の給与特別措置法により，教育職員には給料月額の4%に相当する教職調整額を支給する代わりに，政令に定める場合を除き，勤務時間を超える勤務は認めないとされています。これらのことから，公立学校の教職員の勤務時間管理が曖昧になっています。そのうえ，近年は公立学校の職務の増加等もあって，教職員の勤務時間が長時間に及ぶ傾向を否定できないのが実態です。このことは，本校においても変わりがなく，所属教職員にはできるだけ作業を能率的に行い，勤務時間の終了時刻には学校を離れるよう指導していますが，実態は勤務時間を超えて勤務している教職員が多いのが現状です。

　そこで，私（校長）としては，このような傾向を改善するため，次のような「働き方改革案」を作成し教職員に指導することとしました。

① 　教職員の勤務時間管理を徹底します。具体的には，教職員の出勤時刻及び退勤時刻を把握します。このためには，ICTの活用やタイムカード方式の採用が必要ですので，このことを教育委員会にお願いします。

② 　学校には過去の組合運動の残滓として，何事も会議にかける仕組みが現在も続いており，しかも会議時間が長いこともあって職務執行に時間を要する傾向が強い。この際，法令に定められている職員会議等を除き，各種

の校内会議は廃止します。職務の遂行は，校長，副校長，主幹教諭，学年主任等の指示に従って行うことを習慣化します。

③　部活動の指導に時間がかかる傾向がありますが，指導時間は午後5時までとし，指導日を週3回までとします。なお，土曜・日曜は対外試合等の付き添いを除き，指導を行いません。

④　教職員に勤務時間終了時刻以後の在校を認めない日を週2日設けます。

保護者にする校長の説明

年度初めの保護者会において，教職員の働き方改革について次のように説明します。

「近年，我が国におきましては，公務員や会社員の長時間勤務の改善が課題になっておりますが，このことは学校においても変わりがなく，国からも『学校における働き方改革』について示されております。

そこで，本校におきましても具体的な働き方改革案を作成し，所属教職員に示し，実行することとしました。（上記①～④の働き方改革案を示す。）。保護者各位におかれましては，事情ご賢察のうえ，改革案についてご理解，ご協力を賜りますようお願いします。」

説明・メッセージのポイント・留意点

公立学校教職員の勤務については，明治以来の長年にわたる慣習により，勤務時間の管理が曖昧になっていた。このことは漱石の『坊っちゃん』にも，当時の学校における教員の勤務時間問題についての記述がみられる。これを現代についていえば，上に引用した「教育職員の給与特別措置法」には，「教職員の職務と勤務態様の特殊性」により，給与その他勤務条件の特例を規定していることにある。しかしながら，教員の職務と勤務態様に特殊性などあろうはずはなく，一般公務員並みの勤務時間管理をすればよいと考える。つまり，「公立の義務教育諸学校等の教育職員の給与等に関する特別措置法」の廃止，または根本的な改正が必要なのではないか。

この項に掲げた上記の「働き方改革案」は，教職員の現状の勤務態様からみて必要不可欠の内容が含まれている。この内容，とくに②を実際に実行することは必ずしも容易なことではないが，此の際，校長には蛮勇をふるう対応が求められているというべきである。

第3編

さまざまな機会における
説明・メッセージ

　学校が説明を求められるのは，さまざまな場面が考えられ
ますが，学校行事での挨拶，保護者会での説明，学校説明会
での説明，学校公開，記者会見，地域行事での挨拶，ホーム
ページの更新など，学校としてどのように対応し，説明責任
を果たしていくかについて，学校の説明・メッセージの実例
を掲げ，ポイントを解説します。

入学式のメッセージ

元東京都千代田区立お茶の水小学校長　**淺川　　宏**

Q56　入学式を挙行するに当たって，校長として，児童・生徒・保護者にどのようなメッセージを伝えたらよいでしょうか。

説明・メッセージ実例

　○○名の１年生の皆さん，入学おめでとうございます。ここに明るく元気な皆さんに会えることができ，とてもうれしく思います。今日から，皆さんは，この○○小学校の大切な仲間です。学校は，とても楽しいところです。毎日，元気に通って，たくさんのことを勉強し，多くのお友だちと遊び，そして，仲良しになってください。そこで，皆さんが楽しい学校生活を送るために，五十音「あいうえお」の「あ」「い」「う」というお話をします。

　まず始めは，挨拶の「あ」です。挨拶には，とても不思議な力があります。それは挨拶が，たくさんの人と「仲良しになれる」魔法の言葉だからです。「おはよう」「こんにちは」「さようなら」と元気よく挨拶をすると，１年生の仲間はもちろん，２年生以上のお兄さんやお姉さんとも，すぐに仲良しになれます。○○小学校の仲間は，みんな挨拶がしっかりとできます。毎日元気よく挨拶をし，たくさんの人と仲良しになり楽しい学校生活にして下さい。

　「あいうえお」の２番目の「い」は，自分と仲間の大切な命を守る，命の「い」です。今，世界中でコロナウイルスが流行っています。マスクをすることや手洗い，うがいを誰に言われなくても，自分から進んで出来ることが大切です。自分とお友だちの命を守るために，手洗い，うがい，マスクの習慣を身に付けて，安全で安心できる毎日にしましょう。

　３番目は，美しい心の「う」です。「美しい」は「きれい」という言葉と同じように使われますが，「きれい」が色や形など見た目のことを表すのに対し，「美しい」は，人間の心に関係があります。困っている人に優しく声

を掛けたり，助けてほしいときに「大丈夫？」などと思いやりの言葉を掛けられたりすることがあります。このように他の人の親切が嬉しいと感じることや，よかったと心から思えることが「美しい」ことです。この「美しい心」を大切にして，自分からできることに取り組んでほしいと思います。

　保護者の皆様，本日はお子さまの小学校へのご入学おめでとうございます。義務教育のスタートが切られました。昨年来の感染症防止に向けて，生活の仕方がさまざまに変化しておりますが，かけがえのないお子さまの健やかでたくましい成長のために，皆様と学校と地域が一体となって，よりよい環境づくりを進めることが不可欠です。子どもにとって最善の環境は，よいモデルの存在に他なりません。子どもたちに話した「あいさつ，命を守る，美しい心」を支え育てるのは，一番身近な大人の生活姿勢です。皆様とご一緒に育てたい子ども像を目指し，よいモデルを示していきたいと思います。

説明・メッセージのポイント・留意点

　コロナ感染防止の施策をはじめ，社会状況の変化によりさまざまな課題解決が学校現場に求められる今日であること。そこにあって，子どもたちの健やかな成長に向けた豊かな学びと安全・安心の生活は，学校と保護者と地域とが連携して進めることで実現することを強調したい。

① 　子供たちには，「あいうえお」に準じ，集団生活の基本的な生活習慣のスタートとして挨拶を重視することで，コミュニケーションの充実を図る。

② 　学校の制度を揺るがすような感染症の拡大防止とともに，さまざまな事故や災害に備え，「自分の命と仲間の命を守る」基本について，自分でできることを自覚し，実践する力の育成と習慣化を徹底することを示す。

③ 　いじめを始め，不登校など，人との関わりにおいて，相手を思いやる気持ちとして「思いやりや美しい心」を示す。併せて，自分たちが生活する環境において身近な学習用具の使い方や施設などの掃除も含め，心を込めて関わることで豊かな心の醸成を図る。

④ 　子どもの成長には，今回の休校・休園，思いどおり進まない経験も踏まえ，学校と保護者と地域の連携・協力が不可欠であることを共通理解する。

⑤ 　学校が目指す教育方針とともに，子どもたちにとって一番身近なモデルとなる親，教師，地域の大人が，よきモデルを示すことの意義を伝える。

学校行事のあいさつ・メッセージ

卒業式のメッセージ

元東京都千代田区立お茶の水小学校長　**淺川　　宏**

Q57　卒業式を挙行するに当たって，校長として，児童・生徒・保護者にどのようなメッセージを伝えたらよいでしょうか。

説明・メッセージ実例

　卒業生の皆さんの門出に当たり，はなむけの言葉をお贈りします。

　第一は，「自分らしさを生かす」ということです。世界の人口，約77億人のなかでたった一人しかいない自分です。どんなに頑張ったところで，自分は自分，けっして他人と入れ替わることができない存在です。その地球上でたった一人の自分を生かすこと。それは，人のために役立つ自分が生きている証でもあります。そこで，自分らしさを生かすためには，自分を他人と比べることなく，自分を信頼し，自信をもつことが大切です。

　「私は○○さんよりできるとか，○○さんにはかなわない」という考えからは自分という存在は見えてきません。自分と他人との比較からは，けっして自信は生まれないのです。「比べるなら，自分の過去と比べることです。」今までの自分と今の自分を比べ，これまで出来なかったことが出来，分からなかったことが分かるようになった。そのことを振り返り，多くの努力や苦労によって乗り越えた体験こそが自信と自分らしさに繋がるのです。是非，自分に自信を持って，人のために役立つ自分の役割を見出してください。

　第二は，「一秒を生かす」ということです。一般に，聞き取りやすい話し言葉のスピードは，一秒間に五文字であると言われます。実はこの五文字が，私たちの生活に大きく関わるのです。それは，挨拶と言われる言葉のほとんどが，五文字なのです。「こんにちは，ありがとう，すみません，さようなら」に代表される言葉です。「おはよう」にいたっては，わずか四文字です。人とのコミュニケーションを図る挨拶は，たった一秒間でできるのです。ま

た，「よい言葉は，よい結果を生む」と言われるように，自分が発する言葉が現実をつくり，私たちの生き方を定めていくのです。「がんばろう」という意欲ある生き方と「もうやめた・しかたない」という諦めの生き方の違いは，五文字でしかありません。このわずか五文字の差，この積み重ねが，人生の差になるのです。この五文字，声にしてわずか一秒をどのように用いるかは，一人ひとりに任された貴重な選択です。価値ある一秒の実践を通して人のために役立つ自らの生き方を全うして欲しいと思います。

　保護者の皆様には，お子さまの小学校教育の６年間が無事終えられましたこと，誠におめでとうございます。この間，成長の喜びだけでなく，お子様とともに悩み迷われたことも数多くおありだったことと推察いたします。そのような中にありましても変わることなく，子どもたちが目指すよきモデルとしての姿を示し続けていただきましたことに心よりお礼申し上げます。

説明・メッセージのポイント・留意点

　ここ数年続く自然災害とともに，2020年直前に拡大した全世界を揺るがすコロナ感染症の収束が見通せない社会状況であること。そのことを前提にした生き方を意識し，誰もが生きがいと未来への希望を持って努力することの意義を伝えたい。そこで，いかなる社会の変化にあっても，自分を見失うことのない見方や考え方，そして実行する力を育むことを重視したい。

　人類を窮地に追い込む自然災害や今回の感染症拡大は，これまで多くの恩恵をもたらしてきた科学でさえも容易に解決できない現実を知らしめる結果となったこと。この視点で，思い通りにいかない自然や人との関わりにおいて，自分はどのように考え，行動すべきかを考える機会としたい。

① 　他人との比較からは，自分らしさを生かすことの原動力となる「自信」が得られないこと。

② 　過去の自分と現在の自分を比較することにおいて，自らの努力や苦労の体験こそ自分自身の成長を確認できることを重視する。

③ 　一秒間という視点で，自分自身を見つめることにより，挨拶を始めとする一言がもたらす影響力と，言葉を発する意味の大きさに気付かせたい。

④ 　思い通りにいかない現実も，受け止め方次第で問題解決への道が開けることや，五文字が持つ言葉の力を通して，前向きな生き方を伝えたい。

学校行事のあいさつ・メッセージ

運動会でのメッセージ

元東京都千代田区立お茶の水小学校長　淺川　宏

Q58 運動会の開会式であいさつする場合，校長として，児童・生徒・保護者にどのようなメッセージを伝えたらよいでしょうか。

説明・メッセージ実例

　今，とても元気のよい挨拶ができました。今回は限られた練習の時間でしたが，今日は力一杯頑張るぞという全校の皆さんの意気込みが伝わってきます。皆さんの元気に負けないような素晴らしいお天気です。この秋のさわやかな青空のもとで運動会を行うことができ，本当によかったですね。

　これまでオリンピック・パラリンピックの繋がりで，体力向上に向けて，いろいろな体の動きや運動の経験を大切にして取り組んできました。それらの取り組みの成果や，頑張りの姿を演技や競技，係において生かしていって欲しいと思います。そこで，今日の運動会を成功させるためには，大切なことがいくつかありますが，とくに２つのことをお話しします。

　第一は，諦めないで最後までやりぬく努力をすることです。演技，競技，係の仕事を最後まで諦めずに努力して取り組んでください。一人ひとりが取り組む短距離走やかけっこでは，ゴールを目指して力の限り最後まで走り抜けることです。また，団体競技では，赤組，白組ともそれぞれ力を合わせ，ルールを守って正々堂々と戦ってください。

　そして，係の仕事では，みんなのために，よき高学年として自分の役割を進んで果たしてください。どの種目においても，また，どのような場面にあっても全力で最後まで諦めないで取り組むことが本校の誇りです。失敗してもそこからが，新しいスタートです。力の限りやり抜いて欲しいと思います。

　第二は，○○小の仲間の頑張りを，力一杯応援して欲しいことです。友だちや仲間の頑張る姿をしっかりと見て，その頑張りをみんなで励まし，力一

杯応援しましょう。皆さんの応援の声が，演技している人の頑張る力になります。低学年の皆さんは，お兄さん・姉さんの力強い演技に，そして，高学年の皆さんは，妹や弟たちの一所懸命に取り組む姿に，大きな声援と拍手を送って欲しいと思います。全校のみんなの力で，今日の運動会を成功させましょう。赤組も白組も最後まで全力で頑張る運動会を楽しみにしています。

　最後になりましたが，ご来賓の皆様，保護者の皆様，そして，地域の皆様，本日は，早朝よりご来校いただき誠にありがとうございます。今年度は，コロナ感染症防止の関係で練習時間も限られましたが，オリンピック・パラリンピックの教育の一環として体力向上を目指して取り組んでおります。どうぞ全校〇〇名の子どもたちが力一杯取り組む姿を最後までごゆっくりとご覧いただきご声援賜れば幸いです。よろしくお願いいたします。

説明・メッセージのポイント・留意点

　コロナ感染症の関係で，運動会の練習の時間数が限られている状況下，子どもたちの日常の学習の成果を観ていただく機会であることを伝える。
① 　本日の運動会に先立ち，日頃より本校の教育活動に多くのご理解やご協力をいただいていることを地域や保護者に心より感謝する。
② 　学校の近隣の住人に対し，運動会練習において放送等で迷惑を掛けたことに謝辞を述べ，多くのご配慮，ご協力のもとに開催できることに感謝する。
③ 　一昨年より取り組んでいるオリンピック・パラリンピック教育の一環としての活動を，子どもたちの姿を通して理解してもらう機会とする。
④ 　運動会の目当てについては，自分自身が直接参加する演技や競技，係に対して全力で取り組むことの大切さを伝える。次に，仲間の取り組みに対して，応援による参加が，お互いの力に繋がることを伝える。
⑤ 　学校行事の視点から，学年を超えて，互いに学び合う絶好の機会であることを意識させたい。そのために，発達段階に応じた目当てのもたせ方を工夫して参加意欲を高める。
⑥ 　勝ち負けがはっきりとする活動であるが，いずれにしても相手（赤・白）が一緒に参加することで勝負がつくことから，相手への敬意を重視する。

学校行事のあいさつ・メッセージ

学芸会でのメッセージ

元東京都千代田区立お茶の水小学校長　**淺川　　宏**

Q59 　学芸会で校長としてあいさつする場合，児童・生徒・保護者に
どのようなメッセージを伝えたらよいでしょうか。

説明・メッセージ実例

　今日は，皆さんが待ちに待った学芸会の第一日目です。学芸会が近づくに
つれて皆さんの教室や体育館などから聞こえてくる練習の声がしだいに大き
くなり，今日の日が来るのを楽しみにしていました。また，通し練習の後も，
もっとよい劇にしようと，どの学年の皆さんも工夫して今日の日を迎えたこ
とと思います。一人ひとりが力一杯取り組んでほしいと思います。

　さて，一つの劇を作り上げるためには，演技をする人，小道具や大道具を
準備する人，舞台や照明を担当する人たち，みんなが心を一つにして協力し
なければなりません。その意味で，どの学年も舞台を支える全員が主役です。
恥ずかしがったり，声が小さかったりすると，せっかくの演技が観ている人
に届きません。これまでの練習の成果を自信をもって発表してください。そ
して，今日の発表の経験を，明日の保護者鑑賞日に是非生かしてください。
今日，明日と皆さんの頑張りが多くの場面で観られることが楽しみです。

　よい劇は，よい観客によってできると言われています。幕が開いたら，目
と耳を集中させ，心を込めて始めと終わりに拍手をしてほしいと思います。
演じる人も観る人も心を一つにして，すばらしい学芸会にしましょう。

学芸会を迎え（保護者鑑賞日に向け）

　本日は，お忙しいところ，学芸会にお越しいただきありがとうございます。
また，日頃より，本校の教育活動に多くのご支援をいただき感謝申し上げま
す。今年度は４月初めより臨時休校が続き，例年とは異なる環境でしたが，
日頃の学習の成果をご覧いただくために，子どもたちは，限られた時間の中

で力一杯取り組んで参りました。一つの作品を作り上げるためには，舞台の上だけでなく，道具をはじめ照明など目立たない舞台裏での活躍も大切な役割です。今日は，その一端をご覧いただければ幸いです。

　昨日の子どもたちの鑑賞日では，これまでの練習で，恥ずかしくてなかなか大きな声が出せなかった台詞も，また，思うように揃わなかった演技も息がぴったり合って発表することができました。

　その意味で，今日の発表では，子どもたちが，どのように工夫し，頑張ってきたのか，これまでの取り組みに思い巡らせて観ていただくことも，子どもたちの励みになることと思います。どうぞ最後までごゆっくりとご覧いただきたいと思います。よろしくお願いいたします。

説明・メッセージのポイント・留意点

　今年度は，コロナ感染症の関係で，学校行事に当てる時間数が限られるなか，子どもたちの日常の学習の成果を様々な役割を通して発表する機会である。

　分かることや出来ることがすべての活動の物差しになりがちな見方がある中，学芸会という発表の場が互いに認め合う体験とともに，感じ，考え，創造する機会となること。併せて多くの関わりを通して自らの役割を学び，努力することや，励ましの声に気付く意味を親子で共有したい。

① 学芸会をはじめ日々の学校生活を通して，どのようなことを学び取ることができたのか，子ども自身が振り返る機会でもあることを大切にしたい。

② 劇の内容とともにその作品をつくり上げる過程で，友達同士で意見がぶつかることや，自分の役割と実際の取り組みの差を感じて悩むこともあること。

③ 多くの感動とともに学び取ったことは，夢の実現に向けて努力を惜しまずに取り組む劇中の主人公や登場人物に重ね合わせることができること。

④ 一人では生きていくことができない人間にとって仲間と支え合うことや，人のために自らの役割を果たし，互いに認め合うことの大切さに気付く。

⑤ これらの関わりを根底で支える「ありがとう」の言葉と感謝の気持ちは劇中に限らず，私たち誰にでも求められること。その意味でも多くの感動を学びとして，次の活動への活力に結びつけることを大切にしたい。

学校行事のあいさつ・メッセージ

移動教室帰校時のメッセージ

元東京都千代田区立お茶の水小学校長　**淺川　宏**

Q60　移動教室から帰ってきて，父母が出迎えるなか，校長として，児童・生徒・保護者にどのようなメッセージを伝えたらよいでしょうか。

説明・メッセージ実例

　お出迎えの保護者の皆様，ただ今帰りました。お出迎えありがとうございます。保護者の皆様のご協力のもと，ここに移動教室を終え全員無事に戻ることができましたことに感謝申し上げます。

　さて，箱根の歴史と自然とともに友だちと過ごした3日間。きっと言葉では言い尽くせないほど多くの感動や思い出が一人ひとりの胸に詰まっていることと思います。今回の体験で得たさまざまな学び，そして，貴重な思い出をいつまでも大切にしていってください。皆さん一人ひとりが学び，役割を果たした3日間は，いままでの宿泊体験，校外学習では得られなかった貴重なものになったことと思います。それは，皆さんが，学びの目当てをもって取り組んだこと。また，移動教室の大きな目的である，協力を通して自立した生活を目指して努力できたからだと言えます。そして，みんなのために友だちと協力して準備した係の仕事は，苦労のなかにも仲間の喜ぶ姿に接したことで，きっとさわやかな気持ちに変わったに違いありません。友だちが一緒にいるから取り組めたこと，最上級生として頑張れたことを，明日からの学校やお家での生活に是非生かしていって欲しいと思います。お家に帰ってからは，3日間の貴重な体験というお土産をたくさん話してください。

　最後に，目当てとして取り組んだ挨拶をはじめ，時間を守ること，規律正しさ，また，常に学ぼうとする前向きさなど，とても立派な最上級生の姿を目の当たりにでき，これからの皆さんの活躍が益々楽しみになりました。

　保護者の皆様，今回の移動教室は，コロナ感染症の関係で様々なことが例年とは異なるなかでの実施となり，保護者の皆様には多くのご心配とご配慮をいただきましたことに感謝申し上げます。ありがとうございました。

　そのような，温かなご支援のもと，子どもたちは貴重な体験ができました。とくに，これまで教室での学びで得た知識を知恵に変える「体験という学び」ができたことです。そのことが自ら考え，判断し，実行する力の獲得に大きく貢献できたと信じます。2番目は，「感謝」するということです。今日の社会状況への対応だけでなく，日々の生活において，想像を超えるほど多くの人たちの御蔭で自分の生活が成り立っていることを，実感できたことです。その感謝の気持ちを常に心に置いて，進んで自らの役割を果たしていけることを願い，さらなる指導の充実を図って参りたいと思います。

説明・メッセージのポイント・留意点

　宿泊行事を通して，子ども自身が日々の学校生活，家庭での生活を振り返って「協力すること」「役割や責任」とともに「自分の生活が多くの人によって支えられていること」に気づくことが大切である。また，それらのことに感謝することの意義を学び，実生活に結びつける機会にしたい。

　子どもたちには，移動教室の目当ての振り返りにおいて，計画的に進めることで得られる達成感とともに，多くの活動を支えてくれた方々や家族への感謝の気持ちに気付かせること。保護者においては，それらの成長の姿を我が子と共有できる情報獲得の場とし，親子がともに育つ共育に繋げたい。

① 　行事を通し，きめ細かなご準備をいただいたこと，事故なく無事に帰校できたことへの感謝の気持ちを子どもたちの声とともに第一に伝えたい。

② 　活動を通して学んだことを振り返り，自らの生活を見つめ直し，様々な人と関わることの大切さを理解し，感謝の気持ちを言葉と態度で示すこと。

③ 　宿泊生活の状況を伝えることで，基本的な生活習慣の大切さ，家庭における家族の一員としての役割や責任を果たすことの大切さを共有する。

④ 　次の活動（次の宿泊行事または，これからの教育活動全般）を見通すなかで，学んだことを学習や生活に生かすことの大切さを親子で共通理解し，今後の連携と協力に結びつける機会にする。

新学習指導要領の趣旨説明

東京福祉大学教授
元東京都千代田区立番町小学校長　　**鈴村　邦夫**

Q61　　新教育課程のスタートの時期の保護者会で，新学習指導要領の
主体的・対話的で深い学びについて，教頭として，どう説明しますか。

説明・メッセージ実例

　保護者の皆様，すでにご案内のように，新しい学習指導要領に基づく教育
課程が，小学校では令和2年度(中学校では令和3年度)から始まりました。
プログラミング教育が小学校で必修になることや，小学校高学年では「教科
外国語」の導入などが話題になったことは記憶に新しいと思います。

　「学習指導要領」とは，全国どこの学校でも一定の教育水準を保つことが
できるように文部科学省が作成し，各学校が教育課程(カリキュラム)を作
る際の参考にする基準のことです。時代とともに変化する社会や子どもの様
子に対応するために，およそ10年に一度改訂されてきました。今回の改訂
では，学んだことを人生や社会に生かそうとする「学びに向かう力，人間性
など」，実際の社会や生活で生きて働く「知識及び技能」，未知の状況にも対
応できる「思考力，判断力，表現力など」をバランスよく育成することがそ
のポイントと言えます。

　改訂の背景には，グローバリゼーションの進展，少子高齢化と人口減少，
環境問題への対応や持続可能な社会の実現，AI(人工知能)やビッグデータ
活用の進展などの社会情勢の変化が挙げられます。これからを生きる子ども
たちに必要とされる資質・能力を培うためには，学習内容の変更だけでなく，
授業で「どのように学ぶか」といった視点が重要です。その視点が一時「ア
クティブ・ラーニング」として話題になった「主体的・対話的で深い学び」
です。今では変わりつつありますが，我々日本人の学びの様相は，明治以来，
知識の暗記重視，詰込み教育ともいわれてきました。今日，子どもたちに求

められる資質は，学んだ知識や技能を基に様々な課題に対し主体的・能動的に解決する能力であり，考える力を伸ばし対話を通し深める学びの実現です。

　今回の改訂では「主体的・対話的で深い学び」を，すべての教科等で積極的に取り入れることが求められています。たとえば，「見通しをもって作業をしたり粘り強く取り組んだりする」「学習した内容を振り返り，次の学びに生かす」「グループなどの話し合いを深める」「これまで学んで得た知識をつないだり生かしたりして考える」などの活動を，各教科等にふさわしい方法で取り入れるということです。その際，子どもたちが，子ども同士や教師とはもちろん，時には保護者，地域の皆様との対話を通して深い学びとなるように授業を工夫することが大切になります。

　本校は，これまでも，教員研修を実施し研鑽を積んでまいりました。「主体的・対話的で深い学び」についての具体的な取り組みは，これからも学校だよりや授業参観を通して分かり易くお示しする予定です。

説明・メッセージのポイント・留意点

(1)　教員は，日常茶飯事「学習指導要領」という用語をはじめ教育用語に触れ，ごく当たり前に共通認識をもち業務にあたっている。一方，保護者をはじめ外部の人々には難解な用語も多い。保護者会等で説明する際は，学習指導要領の内容や教育用語を分かり易く解説することが求められる。また，保護者会で説明した内容は，教員にも周知徹底することが肝要である。

(2)　今日的な教育課題や社会情勢は，日ごろ聞き慣れた内容も多く深刻さが実感されにくい。可能な限りプレゼンテーションソフトなどを用いて，少子高齢化など具体的な統計データを用いて視覚に訴えるとよい。あわせて，新学習指導要領の内容や学校の対応も分かりやすく示したい。「社会に開かれた教育課程」の視点から保護者，地域住民の協力を得やすくなる。

(3)　「主体的・対話的で深い学び」について，折角，教頭が保護者向けに説明をするのなら，単なる理念に終始するのではなく具体的な例を示すとよい。文字数の関係で省略したが，自身の専門とする教科等についてなら，保護者向けに分かりやすく表現することが可能なはずである。

(4)　「主体的・対話的で深い学び」は，各教員の授業を通して実現される。教員の認識を深め，保護者に授業を見せて理解を得ることが肝要である。

保護者会での説明

新しい学習評価

東京福祉大学教授
元東京都千代田区立番町小学校長　　**鈴村　邦夫**

Q62 指導要録が改訂されて，新しい学習評価が行われるようになりました。保護者会で，主体的に学習に取り組む態度など，観点別学習状況の改訂について，校長として，どう説明したらよいでしょうか。

説明・メッセージ実例

　新しい学習指導要領に基づく教育課程が始まりました。日本を取り巻く環境には，グローバル化の進展，少子高齢化，持続可能な社会の継続，人工知能（AI）の進展など，予測や対応の難しい課題が数多くあります。

　今回の改訂は，そのような社会にこれからを生きる児童・生徒が対応できる「生きる力」の育成を目標に，授業では「主体的・対話的で深い学び」の実現を目指すことが求められています。その際，学習指導要領で目指す資質・能力がどの程度定着したかを把握する評価には重要な役割があります。

　評価は，教師が児童・生徒の学習目標に対する到達度を数値で示す評価と，教師が自らの指導のあり方を振り返り，改善に結びつけるための評価があります。つまり，指導の記録を残すための評価と，児童・生徒への指導を見直し，授業を改善し指導の効果を上げるための評価の二つです。

　今回の改訂では，児童・生徒が学校教育で身に付けるべき力として，「知識及び技能」「思考力・判断力・表現力等」「学びに向かう力・人間性等」の資質・能力の三つをバランスよく育むことを目標として示されました。評価の観点は，これまでの「関心・意欲・態度」「思考・判断・表現」「技能」「知識・理解」の4観点から，新しく「知識・技能」「思考・判断・表現」「主体的に学習に取り組む態度」の3観点に整理されました。

　「知識・技能」は，個別の知識及び技能の習得や既知の事柄と関連付けて活用しているかの状況を評価します。「思考・判断・表現」は，各教科等の

知識及び技能を活用して課題を解決するために必要な思考力，判断力，表現力等を身に付けているかどうかについて評価します。「主体的に学習に取り組む態度」は，知識及び技能を獲得したり，思考力・判断力・表現力等を身に付けたりすることに向けた粘り強い取り組みを行ったりするなかで，自らの学習を「調整」しようとしているかどうかを含めて評価します。「調整」というのは，学習目標や取組状況を再認識し，方向性を変更したり自己評価したりすることです。一方，学習目標に示されている「人間性等」の評価，たとえば「感性や思いやり」などは数値や観点別の評価にはなじみません。このことは，すでに実施されている道徳科の評価がその例です。お子さんのよさや成長を認め励ます記述式とされています。

　これからも，教員一同，新学習指導要領の趣旨をよく理解し，「評価」を単に評定だけでなく，授業を見直し改善する契機としてまいります。

説明・メッセージのポイント・留意点

⑴　新学習指導要領の内容について，今一度，改訂の背景や目指すもの，重要な改善点のポイントなどを確認し，簡潔・明瞭に保護者に説明できるよう整理しておくべきである。いきなり評価の話ではなく，評価の改訂のもととなった新学習指導要領や今日的な教育課題の内容についても触れる。

⑵　評価は，保護者の大きな関心事である。評価には，得点や回数など数値で客観的に示すことのできる評定と，道徳科のように児童・生徒の成長やよさを評価する個人内評価があることを伝える。「主体的に学習に取り組む態度」は，「知識及び技能を獲得したり，思考力，判断力，表現力等を身に付けたりすることに向けた粘り強い取組の中で，自らの学習を調整しようとしているかどうかを含めて評価するもの」(文部科学省)とある。単に発表回数やノートの記述の内容だけを切り取り評価するものではない。

　　今回の改訂で，大切なことは「指導と評価の一体化」である。学校として，「評価」は授業改善のもとになるツールであることをアピールしたい。

⑶　本稿は，評価についての校長メッセージであり，文字数の関係からも大くくりの理念を語るに留まった。保護者に対して観点の変更とその理由について述べることは，説明責任を果たすうえで重要である。学校としての方策を別途講じなければならない。

保護者会での説明

PTA役員の選出

東京都台東区立忍岡小学校長　吉藤　玲子

> **Q63**　学年はじめの保護者会において，役員を決めたり，学校への協力を保護者に依頼するに当たり，担任としてどのように説明しますか。

説明・メッセージ実例

　皆様，本日は，お忙しい所，保護者会に参加していただきありがとうございます。保護者会は，学校，各担任と各家庭，保護者が連絡を取り合える大事な機会です。ホームページや学校だより等で学校の様子については，随時お伝えしておりますが，この会を開くことによってより具体的に学級の様子やお子様たちの変容などをお伝えできればと思います。皆様とお目にかかれてこそお伝えできることもあります。また，なかなか保護者同士が外で集まることも難しいかと思われます。お子様同士のつながりを知る意味でも保護者同士が互いに知り合いになれるよい機会ですので，どうぞ保護者会を有効にお使いください。子どもたちは，毎日，元気に学校に通っています。まずは，学校での様子を写真等で紹介したいと思います。そのなかには，1学期の主な行事への参加の様子もありますので，行事を通しての子どもたちの成長の様子をお伝えします。そして，子どもたちが書いた作文や観察カードなどから，今，子どもたちがどんなことを考えたり学習したりしているか話したいと思います。その後，ご参加された保護者の皆様から子どもたちの成長につながる課題や問題点，ご家庭の様子など忌憚のないご意見をいただければと存じます。本校では，毎回，保護者会の際に全学級小グループでの情報交換をする時間も設けております。日頃の不安や学校に関して不明な点があればぜひ意見をお出しいただき，学校として改善するよう努力して参ります。

　また，本日は，年度初めの会ということでPTAの役員決めも保護者会の後，お願いいたします。PTAは，学校の教育活動を援助したり，児童の生

活指導の充実を支えたりするなど，学校教育にとって重要な役割を果たしています。各行事を初め，地域のなかにある公立学校の存在を考えたとき，PTAはなくてはならない組織です。運動会やバザー，子どもまつり，周年行事等もPTAの皆様のお力に支えられ円滑に実施できております。保護者の皆様方は，さまざまなお仕事があったり，介護があったりとご家庭でお忙しいことは重々承知しております。しかしながら，小学校6年間の中でどこかの学年では役員としてご協力いただければ有難いです。本日，昨年までの委員の方が中心になって役員決めをして下さいます。ご協力の程よろしくお願いいたします。

　また，個人的にご連絡のある方やご相談のある方は，どうぞ保護者会の後に対応いたしますのでお越し下さい。では，保護者会を始めたいと思います。

説明・メッセージのポイント・留意点

○保護者会の意義を明確に伝える。わざわざ保護者は時間を割いて学校へ来校するわけであるから，ホームページや学校だより等では伝えきれない大切な保護者と学校，各担任が連携できる場であることを伝える。

○最近では，役員のなり手がないことがどの学校でも課題である。「仕事をもっている」「同居している高齢者の親の介護に追われている」などを理由に，役員を断わるケースもよくある。PTAと相談し，小学校6年間の在学のなかで一度は何かの役員を引き受けるように取り決めて，保護者へその旨を伝えたい。

○役員決めは，担任がするのでなく，昨年までの役員などに頼み保護者主導で行う。先生に言われ役員になったなどと言われないように気を付けたい。

○役員決めに関しては，管理職を通して前年度の役員や保護者と連絡を取り，事前に準備を進めていくようにしたい。いきなりその場で言われても時間ばかりかかりなかなか決まらないケースが多い。

○可能なら日常の生活の様子の写真をプレゼンテーション形式にまとめられるとよい。児童の作品の文言などから抜粋して保護者に紹介したい。具体的なものを保護者は求めているのでしっかり資料準備をしたい。

○グループでの話し合いや質問の時間を用意し，一方通行でなく，保護者からの意見も聞くよう心がけ保護者からの意見は今後の指導に役立てていく。

さまざまな機会における説明・メッセージ

入学説明会での説明

元全日本中学校長会会長　**伊藤　俊典**

> **Q64**　小学校・中学校の入学説明会に際して，副校長として，保護者に説明をするに当たり，どのような説明をしたらよいでしょうか。

説明・メッセージ実例

本日はご多用の中を入学説明会にご参会いただきまして誠にありがとうございます。まずは，学校選択制の本区におきまして，本校への入学を決めていただきましたことに心から感謝を申し上げます。4月からいよいよ中学生となられるお子様方が，心配や不安をなくし，喜びと期待感いっぱいで入学して来られますように，本日は，学校の教育活動全般について私から説明させていただきます。そのあと，教務主任から主に学習面について，生徒指導主事から主に学校生活全般について，進路指導主事から進路指導について説明させていただきます。

では，私からはスライドと動画を使って説明をさせていただきます。

まず，本校の教育目標と目指す生徒像についてです。本校の教育目標は三つあります。一つは「相手を思いやり礼節ある人」です。二つめは「自ら学び自ら考え自ら行動する人」です。三つめは「よく運動し強い心と健康なからだをつくる人」です。目指す生徒像ですが，「柔軟な知性と豊かな感性，たくましい心と体をもった生徒」です。

次に，本校で最も力を入れている学力向上への取り組みについてです。まずは，授業時数の十分な確保です。土曜日授業の実施や週時程の工夫などによって，他校よりも多く確保しています。次に，国語・数学・英語・理科は少人数指導を実施しています。授業ではアクティブ・ラーニングに取り組んでおり生徒の主体的な学習を推進しています。定期考査前には補習等を実施し，長期休業明けにはテストを実施しています。3年生については，第一志

望の進路を具現化できるように担任によるきめ細かい進路指導を行います。

　次に，新入生にとっては関心の高い部活動についてです。本校では，6つの運動部，3つの文化部があり，それぞれ熱心に取り組んでいます。

　次に，来年度の特色ある教育活動についてです。来年度は開校5周年目にあたり，体育大会，学習発表会の二大行事は5周年を記念した感動あふれるものにしたいと考えています。また，東京オリンピック・パラリンピックに向けてオリンピック教育にも積極的に取り組みます。入学してすぐに移動教室があり，八ヶ岳の豊かな自然のなかで人間関係を深めることができます。

　最後に，在校生の様子と新入生向けメッセージを動画で流します。本校の中学生の生の声をお聞きいただき，安心して入学してきてください。

　なお，このあとの各担当からの説明を終えたあとには，希望される方には校内施設見学も予定しております。また，何かご相談がありましたら遠慮なくご相談いただきたく，よろしくお願いいたします。それでは，入学式でお会いできるのを楽しみにしております。ありがとうございました。

説明・メッセージのポイント・留意点

1．役割分担を明確にしておく

　校長はあいさつ，副校長は教育目標などの学校教育の柱となることの説明，教務主任は年間行事予定や週時程，教科学習への準備など，生徒指導主事は校則や服装など，進路指導主事からは卒業生の進路状況などを説明する。

2．副校長としての説明について

　学校説明会における副校長の果たす役割は大きい。学校説明会の企画・準備・運営全般にわたり責任者となる。副校長としては，大切な新入生が入学への不安を持たないように保護者の信頼を得ることに気を付ける。

3．説明の内容について

　副校長の説明の内容については，新入生の保護者が求めている情報を重点的に取り入れることが必要である。具体的には，教育目標，目指す生徒像，学力向上への取り組み，部活動，特色ある教育活動などを説明するとよい。

4．工夫すべきことについて

　説明をより深く理解していただくために，スライドや動画などICT機器の活用を行うとよい。

学校公開での説明

学校公開

元全日本中学校長会会長　**伊藤　俊典**

Q65 学校公開で，新しい性同一性障害に配慮した制服を保護者に案内する場合，校長としてどんな点に注意し説明したらよいでしょうか。

説明・メッセージ実例

　保護者の皆さん，本日は学校公開においでいただきありがとうございます。

　さて，本日は，新しく導入する性同一性障害に配慮した制服について説明をさせていただきます。

　本区や本校では従前から人権教育に力を入れてまいりました。これまでも，各学級や学校全体で，いかなる理由でもいじめや差別を許さない適切な生徒指導・人権教育などの推進に力をいれてきたところです。その一環として，文部科学省の通知にもありますように性同一性障害の生徒に対するさまざまな配慮も行ってきたところです。

　性同一性障害とは，法においては，「生物学的には性別が明らかであるにもかかわらず，心理的にはそれとは別の性別であるとの持続的な確信をもち，かつ，自己を身体的及び社会的に他の性別に適合させようとする意思をもつ者であって，そのことについてその診断を的確に行うために必要な知識及び経験を有する二人以上の医師の一般に認められている医学的知見に基づき行う診断が一致しているもの」と定義されています。また，このような性同一性障害に係る生徒については，学校生活を送るうえで特有の支援が必要な場合があることから，一人ひとりに応じ，生徒の心情等に配慮した対応を行うことと定められています。

　また，国の通知のなかで示している性同一性障害の生徒への学校における支援の事例として，自認する性別の制服や体操着の着用を認めることも示されています。

　本区では，「誰もが自分らしく生きていく多様性の尊重を教育の中で実現していく」という方針のもとに，制服については選択できるようにすることを全校で取り組むこととしています。

　本校ではこうした施策を受けて，制服業者とも相談のうえ，生徒がスラックスやスカートなどを選べるように新たに準備しました。ネクタイも男女共通でできるものにしています。

　保護者の皆様にお願いがございます。もし，お子様が性同一性障害の診断がある場合，または診断は受けていなくてもお子様が悩みや不安を抱えている状況にある場合，まずは遠慮なく校長または副校長に相談していただきますようにお願い申し上げます。

　学校といたしましては，生徒一人ひとりに寄り添うことを前提に相談や支援をさせていただきたいと考えております。

説明・メッセージのポイント・留意点

1．冒頭の工夫について

　性同一性障害に配慮した制服の導入についての説明を行うことを冒頭で明確に伝える。ここを曖昧にしてはいけない。

2．性同一性障害の生徒への配慮や支援の必要性について

　平成27年4月の文部科学省通知「性同一性障害に係る児童生徒に対するきめ細かな対応の実施等について」や各自治体の取り組みなどの根拠を明らかにしながら，性同一性障害の生徒への配慮や支援の必要性を説明する。なかでも，制服については毎日着るものなので支援が重要であることを強調する。このことにより，保護者に新しい制服の大切さを理解していただく。

3．新しい制服のコンセプトについて

　新しく導入する制服の工夫点と選択できるものは何か（スラックス，スカート等）を明確に伝えて保護者にイメージを持たせることが大切である。また，見過ごされがちであるが，ネクタイかリボンかではなく，男女兼用のネクタイも準備したことも伝えて理解を得る。

4．相談体制について

　生徒や保護者は制服の選択については悩みや不安を抱えていることが予想される。丁寧に相談を受けることを伝えて安心させることが大切である。

地域行事出席時の挨拶

元東京都杉並区立天沼小学校長　**福田　晴一**

Q66　地域行事に出席した場合，副校長として，どのようにあいさつしたらよいですか。

説明・メッセージ実例

　学校が設置されている地域によって「地域行事」のあり様は多様だと推察します。盆踊り・夏祭りのような飲食を共にする場もあれば，スポーツ大会の公式セレモニーでの挨拶，町会や児童館の子ども主体の行事などさまざまです。挨拶も，校長の代理としての副校長出席，または自身の判断による出席もありますが，一貫して言えることは，副校長挨拶でも地域の方々は「学校を代表とした発言」であると認識することです。これは，副校長として常に肝に銘ずる必要があると思います。

　挨拶が，事前に地域行事の次第に予定されていなくとも，地域行事に参加した場合は，突然の挨拶の依頼を想定して参加する必要があります。予定されている場合は，校長とも相談しある程度のメモを用意すべきではないでしょうか。とくに，昇任の副校長や異動した初年度の副校長は，地域の実態も十分把握できていないでしょうから，なおさら，必要と考えます。以上が，挨拶に臨む心構えで，実際の挨拶のポイントを記していきます。

○児童・生徒の見守り等への感謝

　小学生においては，登下校の不審者からの回避や交通事故防止の安全確保に対する御礼，中学生においては，職場体験等のフィールドワークの提供など，児童・生徒が地域に見守られながら，生活し成長していることへの感謝の意を挨拶に表します。

○教育活動の紹介と児童・生徒の頑張り

　地域行事の挨拶の場合，保護者も含めた地域の方々が対象になることが多

いと思います。対象の方のなかには，自校の卒業生，もしくはお孫さん等が在校生の場合も考えられます。ここは，自校の特筆される教育活動や直近の学校行事などを取り上げ，児童・生徒がそれに向けて一所懸命に取り組んでいることを伝えます。年輩の方にとっては，子どもたちの健気な頑張りは，大きな力と勇気を与えることと思います。

○地域と共に歩む学校としての発信

　年々，多様なニーズが求められる学校現場です。すでに言われていることですが，学校だけで教育が完結できるものではありません。新学習指導要領にも明言されている「社会に開かれた教育課程」の実現に向けて，地域の理解と協力・支援は必須ですので，自校に対する忌憚のないご意見をいただけるよう付け加えます。そして，児童・生徒がいつしか，地域市民として活躍することも付け加えると良いのではないでしょうか。

説明・メッセージのポイント・留意点

　自身が副校長という立場より，上述のとおり，学校を代表して地域行事に参加し，挨拶をしていることを忘れてはならない。場合によっては「校長に代わり」という言葉を付け加えて，意識付けにしても良いだろう。学校を代表するからには，単に行事開催の謝辞にとどまらず，自校の教育課題解決の糸口になるような戦略的な内容も加味したい。

　昨今の教育課題に「働き方改革」と「コミュニティ・スクール」が挙げられる。この二者は密接に関係するもので，発信の仕方では地域のリソースや人的支援を学校教育に反映させ，教職員の負担軽減にもつながるものである。発信の仕方はむずかしいだろうが，膠着した現在のブラックと言われる学校教育現場の解決には，現状発信から着手すべきではないだろうか。また，地域行事に参加したことを，学校だよりやPTA等の会議でフィードバックして価値付けすることを勧めたい。地域行事で学校とは違った姿を見せている児童・生徒の表情，地域の方々が子どもたちのために共に汗をかいている様子などを報告することが，地域と学校のさらなる信頼関係をつくるはずである。地域と学校をつなげるのは，担任でもなく教育委員会でもなく，管理職の役目であることを忘れてはならない。

ホームページでの活用

元東京都杉並区立天沼小学校長　**福田　晴一**

> **Q67**　ホームページで学校の教育活動について説明する場合，校長として，どのように説明したらよいでしょうか。

説明・メッセージ実例

　現代社会においてコンピュータとインターネットは，今世紀最大の発明と言っても過言ではありません。昭和の時代は，ごく一部の限られた領域のみに使用されていたデジタルツールですが，平成の時代になると科学技術の進展に伴い，コンピュータは私たちの生活において欠かせない生活品となっています。また，インターネットは，グローバルかつ急速な普及に伴い情報伝達の時間と距離をフラットにする，新しい価値をも創出しています。これらテクノロジーの進展は，当然，教育にも大きな影響を与えています。児童・生徒の学習場面でも教具として使用されている時代から，文具と認知される時代もそう遠くはありません。インターネットの活用も然り，今ではほぼ日本全国の学校が，ホームページで学校の教育活動を発信している現実があります。

　ここで，改めてホームページについての意義を考えたいと思います。

　最近，よく耳にする「説明責任」。権限を持っている組織（組織の代表）には責任があり，また責任を持っていることで，方針や考え方を説明する義務が生じます。失敗やトラブルを防ぐ場面で，利害関係者に納得してもらえるよう説明するのが説明責任なのです。今後の方針などを認識してもらうために行うものでもあります。学校は，教育活動を営む（編成する）責任があります。教育活動を進めるうえでの利害関係は，しばしば生じるものです。その利害関係を防ぐ，最小限にする，納得していただく意味での説明が，学校ホームページの役割です。換言すれば，校長として自校の教育活動に対す

る「説明責任」の発信の場とも言えます。簡易に表現しますと「自校の教育活動を紹介したり，地域や保護者へ情報を提供したりすることで，学校を理解していただき，自校の教育活動をより活性化させること」です。具体的な機能としては，次のように分類できるのではないでしょうか。

・広報　学校沿革や教育目標，校歌，児童数・学級数の基本情報など，学校のことを広く知らせる。

・連絡　学校だより，行事予定など，保護者・地域へのお知らせやお願い。

・提供　行事の報告や児童・生徒の作品など，学習の成果や研修成果の発信。

・交流　電話番号，メールアドレスなど，外部との連絡・交流方法の情報。

　昨今の技術革新で，ホームページのアップデートが容易になりましたが，それだけに，個人情報の保護と著作権の侵害については，最大限の配慮をしなくてはならないと認識しております。

説明・メッセージのポイント・留意点

　学校のホームページを公開するにあたり校長として留意すべき点は，掲載と同時にアップデートされた情報は，学区域の地域や保護者のみならず，極端な話，全世界に公開・発信されていることを忘れてはならない。良かれとして発信した掲載内容でも，保護者・地域の信頼・信用の失墜や，時にはトラブルにも発展しかねないので，以下の点に留意すべきと思う。

●個人情報の取り扱い

　児童・生徒の名前・顔写真等を取り扱う場合，本人・保護者の承諾が必要なので，学校によっては入学・転学時に許諾を確認をしている。また，許諾済みでも，人権尊重やプライバシー等の保護に十分配慮しなければならない。

●著作権の侵害

　学校教育においては，著作権の緩和傾向にあるが，著作権者の承諾なしに文章や写真等を転載できないことを前提に取り扱いたい。児童・生徒の作品も著作物に関しても，本人・保護者の承諾が必要である。

●責任ある情報発信

　管理職以外の教員もアップデートが可能となっているケースが多々あるが，掲載内容のすべてに校長の責任があることを忘れてはならない。が，ホームページは説明責任の有効なツールなので，中立公正に活用していただきたい。

ホームページでの説明

移動教室時の報告

元東京都杉並区立天沼小学校長　**福田　晴一**

Q68　移動教室の行き先からの報告をリアルタイムでホームページで
掲載する場合，校長として，どのような点に留意して掲載したらよい
でしょうか。

説明・メッセージ実例

　小学校の卒業文集において，多く子どもたちが題材とするのが，宿泊を伴
う移動教室や修学旅行です。子どもにとっては思い出の宿泊行事ですが，保
護者のなかには初めて親元を離れる我が子の健康状態等を心配される方がい
るのも事実です。移動教室等から帰校した際の保護者の安堵に満ちた表情に
は，親子の熱い愛情が伝わってきます。言い換えれば，保護者は宿泊行事に
参加している我が子のことが気になり，情報を欲していることになります。
それだけに，現地からの子どもたちの様子をホームページにあげると，多く
の保護者から称賛されるストーリーとなります。今では，ブログの併用で現
地からもアップデートが容易にできますので，保護者は現地からのレポート
が当然と思われている方がいるのは事実です。本項では，現地に同行してい
る校長がリアルタイムに発信する想定（学校ホームページからのアップデー
トではない）で，改めて現地からの報告の効果を考えてみます。

① **保護者への情報伝達の観点から**

　子どもたちの現地での活動の様子等は，リアルタイムの報告の必要性はあ
りません。一日を終えて，校長として活動を振り返りつつ要所要所，画像を
添えて報告するとともに，子どもたちの健康状態，怪我等が無いことを報告
すれば良いと思います。必要なのは，子どもたちの心身ともに良好な状態を
伝え，保護者に安心を伝えることです。リアルタイムな情報の必要性がある
のは，帰校時のお迎えの時間など，保護者の対応が必要な場合でしょう。そ

れゆえ，掲載記事には小見出しなどを記載して，記載内容が保護者に推測できるようにしておく必要があります。現地発信に気をとらわれて，肝心な学校との連絡が抜けないよう配慮することも大切です。

②　保護者の情報収集の観点から

　保護者が，学校ホームページやリアルタイムのブログなどで情報収集する習慣をもつことも，目的の一つです。台風等の緊急時の引き取りや臨時休校等の知らせは，従来は文書配布でしたが，昨今はメール配信が主流となっています。が，メール配信は登録された方のみへの配信です。メールで情報を受信するのではなく，ホームページやブログを通して情報を取りにいくことも情報化社会においては大切なリテラシーです。そのためにも，宿泊行事の際の保護者ニーズに応えつつ，非常時に際しての情報をとりにいく経験をしておく必要があるのではないでしょうか。

説明・メッセージのポイント・留意点

　上述のように意図された情報発信でも，配慮すべき点は多々ある。

　まずは個人情報である。子どものなかにはさまざまな背景を背負って学校生活を送っている児童もいるので，行事の挙行前に担任等から十分に個人情報に関して共通認識しておく必要がある。別の児童を撮影した画像でも，該当児童が写りこんでくる可能性は十分考えられるので，アップする際は再度確認する必要がある。個人情報の保護の観点からは，画像の解像度を下げるとか，公開を期間限定にするとか，パスワードをかけるなどホームページやブログの各機能で確認しておきたい。

　次に，掲載される児童に偏りがないことにも配慮したい。子どもによっては常に写りたい児童もいれば，写真を好まない児童もいる。ある程度の偏りは仕方がないと思うが，極端な偏りによっては，子ども同士の差別感や保護者からの信頼に影響を及ぼすこともあるので注意したい。宿泊行事には，写真業者が同行することも多々ある。集合写真やグループ写真などは，写真業者の販売に影響しないように同じアングル撮影は避けるべきだろう。また，校長の趣味の域での掲載にも注意したい。日頃の学校生活では見られない豊かな自然に魅了され，朝焼け・夕焼けの写真や高山植物をアップで掲載したりすると，引率責任者としての責務を疑われかねないので気をつけたい。

いじめによる自殺の記者会見

文化学園大学名誉教授
元NHK解説委員　　野原　　明

Q69 いじめによる生徒の自殺事件が起こり，報道関係者に説明を行う場合，校長として，どのように説明したらよいでしょうか。

説明・メッセージ実例

　報道機関の皆様，お忙しい中わざわざ本校にお出でくださり有難うございました。本校の生徒が自殺し，調査の結果，生徒同士のいじめが原因とわかりましたので，本日教育委員会に報告致しました。この間の事情を報道機関の皆様にお話しするために，お集まりいただいた次第です。

　初めに本校の概略をご説明いたします。本校は東京S区の住宅地域にある公立中学校で，生徒数は約600人，20クラスからなり，専任の教員数が55人の中規模校で，これまで目立った事件や事故は起きておりません。

　事件の発端は，去る11月11日の放課後，本校2年生の男子生徒が自宅マンションの8階から飛び降り自殺しているのがみつかったことです。その際，警察からの連絡で，見つかった遺書に自殺が友だちのいじめによるとみられる記述があったことを知らされました。学校として学級担任，教科担任の教員からそのような事実があったことを知っているかどうかを聴取するとともに，2年生の生徒全員にアンケート調査をしていじめの実態を調べました。教員からは，明確ないじめと認識するような事実は知らなかったとの回答がありましたが，男子生徒から「被害生徒が粘着テープを脚に貼られ一気に剥がされたのを見た」「一部の生徒が体育大会で暴行したのを目撃した」等の証言がありました。また，一般の生徒の間からも，加害者と見られる生徒から「鉢巻きで首を絞められた」「トイレで殴られた」「金銭の要求」「蜂の死骸を食べさせられそうになった」「お前の家族全員死ねと言われた」等の回答があり，一部のグループによるいじめがあったことがわかりました。

　校長として，教員がこのような事実に気付かなかったのは由々しいことで
あり，直ちに臨時職員会議を開いて，教員が生徒のいじめや類似行為にもっ
と敏感でなければならないことを再認識させ，いじめの早期発見とその対応
策を早急に検討するよう命じました。また，生徒にはクラスごとに，いじめ
がないかどうか，いじめをなくすために生徒として何をなすべきかを討議さ
せたところです。

　そんな中で，今日（15日），教育委員会に今回の生徒の自殺について報告
いたしました。あすは生徒の父母に集まってもらい，事件についてご説明す
ることにしていますが，それに先だって報道関係の皆様に，事件の概要と学
校としての取り組みをお話しさせていただきたく，お集まり願った次第です。

　これまでにも，いじめによる生徒の自殺事件が起き，その対応が社会問題
になってきましたが，本校としては，再びこのような事件が起きないよう，
知恵を絞って万全を期するべく努力する覚悟です。

説明・メッセージのポイント・留意点

- 報道関係者が集まってくれたことに謝意と敬意を示すこと。その一方，校
  長が記者を怖がったり，逆に若い記者だからと軽視したりしないこと。
- 会見場では，学校関係者は黒板や壁を背にして座り，報道関係者が背後に
  回り込まないよう設営すること。
- いじめによるとみられる生徒の自殺について，事実を分かりやすく具体的
  に説明することが大切である。
  　その際，学校としてどのような認識を持っているか，どのような対処を
  したかについても丁寧に説明すべきである。
- 僅かでも事実を隠蔽するようなことがあってはならない。隠しても見つけ
  られるだけである。隠していることがわかると，記者はそれを暴き出すこ
  とに熱意を燃やすし，さらにそれが得意であることを知っておくべきであ
  る。
- 話せることは隠さず話すことが大切だが，その反面学校として言えること
  はここまで，とハッキリ区切りを付けた方がいい。
- 説明には矛盾がないよう十分注意しなければならない。矛盾を突かれたり，
  揚げ足を取られたりするのは記者会見として最悪である。

記者会見での説明

教員同士のいじめの記者会見

文化学園大学名誉教授　　**野原　明**
元 NHK 解説委員

Q70　教員同士のいじめにより，被害者の教師が何度もけがをすると
いう事件が起こりました。校長として，報道関係者にどのように説明
したらよいでしょうか。

説明・メッセージ実例

　お忙しい中，わざわざ本校にお出でいただき有難うございました。今日お
出でいただきましたのは，残念ながら，今般，本校で教員同士のいじめがあ
ったことがわかり，県の教育委員会に報告いたしましたので，報道関係の皆
様に校長からご説明させていただこうと考えたからです。

　ご報告する前に本校の概略を申し上げますと，本校は昭和60年に設立さ
れた公立中学校で，生徒数は480人の15クラス，教員数は校長以下専任が
32人です。学校のある地域は，県庁所在地のなかで繁華街からは少し離れ
た住宅地で，普段は事件などもなく静かな雰囲気に包まれた地域です。

　さて，教員同士のいじめと申しますのは，去る10月4日に，今年採用し
た新人で23歳の男性教員から，先輩教員の42歳男性と38歳男性，それに
40歳女性の3人にいじめを受けているという訴えが，校長の私に届いたこ
とで発覚しました。本人を直接校長室に呼んで聞いたところ，暴力を受けて
足に怪我をさせられていること，これまでにも何度か怪我を負っていること，
黙って我慢していたらいじめが止まないことなどがわかりました。

　ことの重大さに驚いた私は，教頭に加害者と名指しされた3人の教員につ
いて，内々に事情を聞くよう指示しましたが，その直後に被害者の教員が先
の3人から「上司にちくったな」「どうなるか覚えていろ」などと脅された
ことが判明しました。そこで，内密に調査していたのでは却って解決出来な
いと考え，職員会議で事実を公開して，いじめ事件として解決するための行

動に踏み切ったわけです。全教員を対象にアンケート調査などをした結果，3人の先輩教員が新採用の若い教員に対して，初めは「お前の学力で生徒の指導が出来るのか」「ポチ」などの罵詈雑言を投げかけ，段々エスカレートして「膝蹴りや両足を抱えて振り回すなどプロレス技を掛けた」「顔や服に冷却スプレーを掛けた」「ふくら脛に粘着テープを貼り，脛毛を抜いた」などの暴力をふるっていたことがわかりました。

　校長としてお恥ずかしい限りですが，私から加害者の3人に処分を科し，同時に事件の概略を設置者である市の教育委員会に報告したところです。

　本校では，生徒に対していじめをしてはいけないと指導してきた，その教員同士がいじめをしていたのでは生徒指導ができるわけがなく，これまで気づかなかった校長の責任を痛感するとともに，これを解決するために全力を注ぐつもりでおります。

　いまは教員の仕事が忙しすぎて他の教員のことに気が回らないという勤務実態があり，他の教員同士のいじめがあっても関わっている暇がないのが実情ですが，これを乗り越えて問題の解決に当たりたいと考えています。

説明・メッセージのポイント・留意点

● 報道関係者が集まってくれたことへの謝意を示す一方，校長が記者を怖がっているような雰囲気をつくらないこと。

● 会見場では，学校関係者は黒板や壁を背にして座り，報道関係者が背後に回り込めないよう設営すること。

● いじめの内容を，具体的でわかりやすく説明することが大切である。常識的には教員同士のいじめなど前例のないことであり，できるだけ丁寧に説明すべきである。

● 事実を隠蔽するようなことがあってはならない。隠していることがわかると，記者はそれを暴き出すことに熱意を燃やすものだから。

　過去にある大企業で事件が起きたとき，記者慣れしているつもりで曖昧なことを言ったばかりに，本筋以外のことまで暴き出された例もある。

● 学校として話せることはすべて話すこと。ただし，必要以外のことを話してはいけない。一般論や他校の例などに触れるべきではない。

　学校として言えることはここまでとハッキリ区切りを付ける。

個人面談の案内

東京都台東区立忍岡小学校長 　吉藤　玲子

Q71　個人面談の案内を行う場合，教頭としてどのような文章で，保護者に出席を促したらよいでしょうか。

説明・メッセージ実例

　以前は，家庭訪問を１学期に行い，２学期末には個人面談という取り組みを行う学校が多くありましたが，最近は家庭に訪問されるよりも学校での個人面談を希望する保護者が増えています。個人面談が主流になっています。

　個人面談を実施することは，どのような意味があるのでしょうか。保護者会では，大勢の保護者を前に話すので個人的なことを担任は伝えられません。また，保護者も担任に聞きたいことがあってもなかなか聞けなかったりもします。つまり，個人面談は，各児童の家庭と学校をつなぐ大切な場です。

　保護者に配布する文書を作成するうえで大切なことは，まず，何のためにそのことを行うのか目的をしっかりと明記することです。学校から伝えるだけでなく，家庭からの要望も聞くという姿勢を示すことが大切です。

第○学年保護者の皆様 　　　　　　　　　　　　　　　　令和○年○月○日

　　　　　　　　　　　　○○○○○小学校校長　○○　○○

　　　　　　　　　　　　　　　　　　　　担任　○○　○○

個人面談のお知らせ

　保護者の皆様におかれましては，日頃より本校の教育活動にご理解とご支援を賜り心よりお礼申し上げます。2学期も３週間を残すのみとなりましたが下記の日程で，個人面談を実施いたします。つきましては，下記のとおり，計画を立てさせていただきました。短い時間ではありますが，お子様の学校での生活や学習の様子をお話しし，ご家庭での様子や学校への要望を伺いな

がら，よりよい指導に役立てたいと思います。お忙しい時期ですが，是非，ご来校くださるようお願いいたします。

　面談日程は，こちらから一応割りあてさせていただきましたが，ご都合の悪い方はご連絡下さい。また，この日程で都合がつかない方はご相談下さい。

時間・月日	○／○	○／○	○／○	○／○	○／○
14：45～	○○○○	○○○○	○○○○	○○○○	○○○○
15：00～	○○○○	○○○○	○○○○	○○○○	○○○○
15：15～	○○○○	○○○○	○○○○	○○○○	○○○○

＊個人面談期間中、児童は5時間目終了後に下校します。

＜個人面談で話し合いたいことなどありましたら下記に記入しご連絡下さい。

　　　　　　　　　　　　　　　児童氏名　〔　　　　　　　　　　〕

　　　　　　　　　　　　　　　保護者氏名〔　　　　　　　　　　〕

説明・メッセージのポイント・留意点

○個人面談の目的を明確に文章の中に入れること。そして，個人面談で話し合ったことを今後の指導に生かしていきたいことを伝える。

○「短い時間ではありますが」と，たくさんの時間は取れないことも示す。15分～20分ぐらいが一般的な面談時間である。話し始めるとつい時間は延びてしまうものである。限られた時間のなかでの面談という意識をもって話を要点化したい。話したい内容を事前にまとめて提出してもらう方法もある。事前に質問内容がわかっていると担任も準備して話しやすい。

○面談日程だが，割り振りをはじめにして，保護者に伝える場合と保護者から希望を取る場合がある。割り振りを先に示した場合は，「面接日程は，こちらから一応割りあてさせていただきましたが，ご都合の悪い方はご連絡ください。」と学校側としては，日程を調整することができることを伝える。希望を事前に取る場合，都合の付かない日時を聞いた方がよい。

○短い文面ではあるが，学校として個人面談の機会を大切に考えていること，各家庭からの意見を聞きたいこと，この2点の姿勢をしっかりと示す。

○そして，「この期間に来校が難しい場合はご相談下さい」という一文をつけ，時間を調整してでも，保護者全員と面接をしたい学校側の意思を示す。

個人面談での説明

東京都台東区立忍岡小学校長 **吉藤 玲子**

Q72 個人面談で，児童の学校での生活を説明する場合，担任として，どのような点に留意して説明し，保護者にメッセージを伝えたらよいでしょうか。

説明・メッセージ実例

　保護者会と個人面談との違いは，一人ひとりの保護者に児童の成長をしっかりと伝えられることです。また，保護者からの個人的な質問にも丁寧に応えることができます。まずは，そのことをしっかりと押さえて，担任は，保護者に児童の様子を伝えるようにします。

　保護者は，学校を信頼して児童を預けています。担任の一言はとても重みがあります。学校側としては，保護者に伝えなくてはならないことが先に浮かびます。生活や学習場面でどうしても目標値に達していない点，忘れ物が多い，算数の計算が遅いなど直して欲しいことを伝えたい思いが先に出ますが，まず児童が成長してきた点や学習，生活のなかでがんばった点を伝えます。保護者は，よくできた点を伝えられると安心します。

○**よくできたことの伝え方例**

　「1学期に比べ，自分に自信がもて，社会科のスーパーマーケット調べの活動でも自分から手を挙げ，ノートにまとめたことを発表するなど積極的な様子を見ることができました。」

　「連絡帳の記入もきちんとできるようになり，自分で前日に忘れ物がないかチェックして用意をしていると話していました。忘れ物が減ってきたことで学習にも集中できるようになりました。ご家庭のご協力にも感謝します。

○**改善していきたいことの伝え方例**

　「○○の問題では，番号を書きましょうという問いがあるのに，文で答え

を書いていました。他にもそのようにあわてて答えてしまう場面が見られました。問題文を繰り返し読むよう学校では指導しています。」

「宿題を忘れてしまうことが多く，休み時間や放課後を使って一緒に取り組みました。連絡帳に書いてあることをしっかり行うこと，毎日必ず宿題をやったか自分で確認するよう指導してきました。少しずつできるようにはなってきています。お忙しいとは思いますが，ご家庭で宿題に取り組んだか声掛けをしていただけるとありがたいです。得意な問題はすぐ解けるのですが，苦手意識があるとなかなか取り組めないときもあります。宿題は，学習活動の復習を出していますので，毎日習慣化して進めていきたいです。」

○**面談の終わりに**

「本日は，お忙しい中，ありがとうございました。今日伺ったお話は，今後の指導に生かしていきます。これからもご協力の程よろしくお願いします。」

説明・メッセージのポイント・留意点

○担任からの話が長くならないことに一番注意を払いたい。個人面談の時間は限られている。15分から20分程度が平均的な時間である。伝えたいことが多くある児童に対しては，担任が学校で出来ていないことばかりを保護者につい言いたくなってしまう。聞く方の保護者にしては，自分からの質問する時間がなくなり，しかも自分の子どもに対して否定的なことばかり言われるとせっかく学校に話しに来たにも関わらず嫌な気分になったり，担任不振になったりする。伝えたいことが多い児童ほど，何をまず話したらよいのか優先順位を付け，さらにその解決策までしっかりと伝えることが大切である。担任からの話を聞いて，保護者が家庭で注意して我が子を見ていこうと思えるように話を伝えていきたい。

○保護者から事前に質問したいことが提示された場合は，しっかりとその質問に答えるようにしたい。まずは，保護者からの質問に丁寧に答えることによって，個人面談を機会にさらに保護者から信頼されるようになりたい。

○保護者の話がなかなか終わらない場合は，時間も限られていることを伝え後日，時間を取って，保護者が納得するよう話を聞くことも必要である。

○面談の終わりには，保護者に来校のお礼を言うとともに，この面談で話し合ったことをこれからの指導に生かしていくことを伝える。

校内放送での説明

緊急時の校内放送

元暁星学園小学校長　**佐藤　正吉**

Q73 校内放送で，地震など緊急事態への対応・説明を行う場合，教頭として，児童・生徒にどのような説明をしたらよいでしょうか。

説明・メッセージ実例

○火災発生を想定した緊急事態への事前の説明

　これから行う避難訓練は，学校での生活中に火事が起こった場合を考え，君たちが自分の命を守るためにどう逃げたらよいか，実際に行動することです。逃げるときの本校の合言葉は「おはしも」ですね。押さないの「お」，走らないの「は」，しゃべらないの「し」，そして戻らないの「も」です。このことが守れたかを後で振り返ってください。

　では，火事での避難訓練で大切なことを三つ言います。一つ目は，避難訓練の「緊急放送」をしっかりと聞くことです。「緊急放送」の場合は放送の前にブザーが鳴ります。すぐにおしゃべりをやめましょう。二つ目は，火事がどこで発生したかを正確に聞くことです。校内での火事ならば，どの教室で発生したからどの階段は使えないなどと考えることです。そして三つめは，煙を吸わないようにすることです。そのため常にハンカチは身につけておきましょう。また，ハンカチがない場合には帽子や手で鼻と口を覆うことも大切です。火事で一番怖いのは煙を吸い込み動けなくなることと言われています。自分の命を守るためにこうしたことを考えて避難訓練を行いましょう。

○大地震発生を想定した緊急事態への事前の説明

　今日行う避難訓練は，大きな地震が起こって校舎内にいては危険が考えられるための練習です。学校は，大きな地震にも耐えられるように造ってありますが，棚が倒れたり窓ガラスが割れたりなどの被害も考えられます。本校の合言葉，「おはしも」を守りましょう。とくに，大勢が一斉に動きますか

ら先生の声が聞こえるように，一人ひとりがおしゃべりをしないことが大切です。後で，おしゃべりをしなかったかを自分自身で振り返ってみましょう。

　では，地震の避難訓練で大切なことを三つ言います。一つ目は，実際に大地震が起こったときは「緊急速報」が知らせます。すぐに机の下にもぐり頭を守ることです。ですから，今日も緊急放送が始まったら地震と思って，頭を守る行動をしてください。体育館等にいる場合は，周りを見て物が倒れてこない場所で頭を守ってください。二つ目は，防災頭巾をしっかりと被って避難することです。そして，三つめは，どこに避難するかを正確に聞くことです。校庭の中央か，正門付近かなど地震の様子で集合場所が変わることを考えてください。では，自分の命を守ることを考えて避難訓練を行いましょう。

説明・メッセージのポイント・留意点

　緊急時の放送は，通常職員室で執務をしている教頭が行うことが多い。ただし，すべてを教頭任せにせず誰でもできるようにしておきたい。本事例は，緊急放送時に留意することを火災と地震の例で示したが，学校の置かれている地域の状況に応じて，火山，津波などの緊急放送対応も準備しておく。また，その他の事故，不審者等についても準備しておくのは言うまでもない。

　緊急時の放送で大切なことは，①迅速かつ簡潔な伝達，②誤解の無いように平易な表現，③避難行動の重要性と緊急性の伝達である。緊急事態が発生した際には，一定のパニック状態になることを想定して，声のトーンやスピードなどにいっそう注意するよう日頃から身に付けさせておきたい。

　いずれの学校も，避難訓練は年間を通して計画的に実施しているが，ともすると児童・生徒が訓練を軽視したり，不真面目な態度であったりする場合もある。そこで，予告してある避難訓練前に，教頭が一人ひとりの児童・生徒に対して，当日の避難訓練のねらいや行動上の注意などを具体的に指導しておくことが大切となる。事前の教頭の話と，事後の校長による講評とが関連することで，児童・生徒は，避難訓練の重要性を改めて認識するであろう。

　初めにも書いたが，すべての教職員がいざという時に緊急放送ができるように，マニュアルなどを緊急放送設備のそばに表示しておきたい。

校内放送での説明

校内放送による避難訓練

元暁星学園小学校長　**佐藤　正吉**

Q74　校内放送を使って，避難訓練を行う場合，教頭として，児童・生徒にどのような説明をして，児童を誘導したらよいでしょうか。

説明・メッセージ実例

○授業中，校内での火災発生を想定した訓練

《事前の連絡》緊急一斉放送を使う。

　今から，避難訓練を行います。これは，火事から自分を守る練習です。

《警報機を鳴らす》

　火事です。1階の給食室が，火事です。

　校舎の外に，逃げて下さい。

　「西階段」は使えません。

　煙を吸わないように，体を低くして，逃げてください。

　ハンカチやタオルがあれば，口と鼻に当ててください。

《「避難開始」の合図》

○休み時間，校内での火災発生を想定した訓練

《事前の連絡》緊急一斉放送を使う。

　今から，避難訓練を行います。自分で考えた行動をする練習です。

《警報機を鳴らす》

　火事です。3階の家庭科室が，火事です。

　正門前まで，逃げて下さい。

　校舎内にいる人は，「東階段」は使えません。他の階段を使って下さい。

　校庭にいる人は，校舎から離れて，正門前まで，逃げて下さい。

《「避難開始」の合図》

○大地震発生を想定した訓練

《事前の連絡》緊急一斉放送を使う。

　今から，大きな地震が起きた時の，避難訓練を行います。これは，自分の命を守るために，どのように行動するかの練習です。

《警報機を鳴らす》

　地震です。大きな地震です。机の下にもぐり，頭を守りなさい。

　揺れが小さくなりました。

　防災頭巾をかぶり，『おはしも』の約束で，校庭に逃げます。

　（被害の状況によっては，第二避難所への避難も想定する。学校周囲の環境を想定した指示をおこなう）。

《「避難開始」の合図》

説明・メッセージのポイント・留意点

　一般に避難訓練と呼んでいる内容は，学校保健安全法29条に示されている「危機等発生時対処要領の作成等」の内容の具体化である。学校の危機対応として避難が必要な場合は，登下校中，休憩時間，授業中，学校行事，休業日の部活動等での地震，火災，風水害，不審者等で児童・生徒が自分の命をどのように守るかを身に付けさせることである。そのため，大切なことは日頃からの実践的な指導の積み重ねであり，緊急事態発生の際には正確に内容が伝わり，児童・生徒が具体的に行動することができるようにすることである。校内放送で児童・生徒に呼びかける際の重要なことは次の点である。

① 　児童・生徒に，避難の重要性と緊急性を正確に理解させること。

⇒自分の命を守り，周囲の人への思いやりが大切であることを，日頃の指導で身に付けさせておく。そのため，自分の周囲の状況や危険箇所等について理解させておくことが重要である。

② 　実際に避難する場合に行動できるよう，真剣に訓練に取り組ませること。

⇒「おは（か）しも」等の合言葉の意味を理解させることが重要である。

③ 　放送は，できる限り聞き取りやすい発音と，やさしい言葉遣いに努めること。

⇒「火災」→「火事」，「危険」→「危ない」，「使用しない」→「使わない」などのように平易な言葉を使い，はっきりとした発音に心掛けること。

〈編集〉
教育開発研究所編

学校の日常・危機・緊急時に求められる
学校の説明・メッセージ74実例
——こんなとき，学校の説明責任をどのように果たすか

令和2年8月1日　初版発行

編　　集　五十貝　博之

発　行　者　福山　孝弘

発　行　所　〒113-0033　東京都文京区本郷2-15-13

（株）教育開発研究所

電話　（03）3815-7041（代）

FAX　0120-462-488

郵便振替　00180-3-101434

印刷所　中央精版印刷株式会社